VÍCTOR CERRUDO HIGELMO

Manual práctico para enseñar a leer y escribir

Un método respetuoso y eficaz que nos ayuda con la enseñanza de la lectoescritura y la ortografía

TOROMÍTICO

Ediciones Toromítico
Padres Educadores
Edición de Óscar Córdoba
Maquetación: Rosa García Perea

www.toromitico.com
@AlmuzaraLibros
pedidos@almuzaralibros.com - info@almuzaralibros.com

Imprime: Romanyà Valls
ISBN: 978-84-15943-94-5
Depósito Legal: CO-193-2021
Hecho e impreso en España - *Made and printed in Spain*

A Sara y a Zoe.
A papá, a mamá y a mi hermana.
A mis amigos.
A todos los que forman parte de mí.
Gracias. Sin vosotros no es posible.

Introducción

En primer lugar, deseo daros las gracias por confiar en mí, en la editorial y en las posibilidades de este libro.

Esta obra educativa es una aproximación a una manera de enseñar a leer y a escribir basada en los prerrequisitos lectores. Dada mi orientación pedagógica, el libro está centrado en la escuela, en el aula y en la docencia. Tal vez, las familias interesadas en llevarlo a cabo en su casa piensen que no es extrapolable a sus hogares. La verdad es que todo lo que leeréis se puede poner en práctica en casa sin ninguna dificultad. De hecho, yo lo aplico en mi hogar con mi hija, y en la escuela, con mis otros hijos. A mis amigos siempre les he dado consejos sobre la lectoescritura y la ortografía, que han sido sacados de las siguientes páginas.

Si queremos desarrollarlo, solo debemos vigilar las edades cronológicas y trasladar las prácticas a nuestras casas. Las actividades que facilito a los profesores pueden ser realizadas de igual modo por los padres y madres. Los métodos que aplico como profesor son propuestos como ejercicios de refuerzo a las familias con hijos que presentan un ritmo más desajustado en el desarrollo de la lectoescritura.

La manera de adentrarnos en el mundo de las letras puede ser progresiva y suave, o áspera e inclinada. Mi propuesta es respetuosa con los ritmos de cada niño. El enfoque sonoro de la conciencia fonológica, uno de los principales prerrequisitos lectores, no actúa en el lapicero del alumno, sino en las capacidades de análisis de los sonidos y las letras. De hecho, el niño casi no tiene que leer o escribir para «saltar» en esta capacidad humana. Unas pocas experiencias con el lapicero y un buen análisis fonológico bastarán para que la lectura «florezca» como una semilla con la luz y el agua.

El libro presenta una secuenciación de las actividades por trimestres desde 3 años a 1.º de primaria. Si deseamos estimular a nuestro hijo, solo debemos continuar las orientaciones y la secuencia propuesta en sus hojas. El hecho de que en el centro de nuestros hijos no utilicen metodologías parecidas no es impedimento para realizarlas en nuestras casas. De hecho, la mayor parte de las mismas son rápidos juegos y actividades que no interfieren ni contradicen los otros aprendizajes.

Espero que disfruten de las siguientes páginas.

1. La situación de la lectoescritura en España

LA LECTOESCRITURA

La lectura es una de las características más esenciales a nuestra especie y que nos permite comunicarnos mediante signos gráficos, abriendo un abanico de posibilidades de interacción, inconcebibles antes de la aparición de la misma.

Dejar constancia de hechos pasados, la enseñanza, la creación artística o el mero placer de escribir son ejemplos de actividades que surgen con esta capacidad.

De hecho, la consideramos tan asociada a nuestro ADN como especie que pensamos que es patrimonio de todos los seres de este planeta. Nada más lejos de la realidad. Solo un tercio de las lenguas orales disponen de un sistema de escritura.[1] De todos modos, un elevado porcentaje de las personas acceden a esta capacidad, ya que las lenguas mayoritarias tienen millones de usuarios. Si observamos la escritura como un elemento que nos ha acompañado desde la aparición del hombre, tampoco estaremos cerca de la realidad. Solo durante un 2 % de la historia del ser humano, hemos podido comunicarnos con los sistemas de escritura.[2]

El hecho de que el hombre creara los sistemas de escritura implica que nuestro cerebro nunca estuvo preparado para semejante actividad. Esta capacidad es, por tanto, artificial y requiere de una búsqueda de soluciones. ¿Qué puede hacer el cerebro cuando tiene que solucionar un problema de esta magnitud? Lo más sencillo es reacondicionar algún área cortical. Esta decisión evolutiva generó que las áreas visuales del hemisferio izquierdo se especializaran en la lectoescritura. La artificialidad de esta capacidad genera que la lectoescritura deba ser enseñada por algún actor educativo para poder ser desarrollada. La lectoescritura no aparece espontáneamente. Requiere de una enseñanza de arriba hacia abajo.

¿Podrían ser estos reajustes anatómicos los causantes de las irregularidades latentes en los cerebros de las personas disléxicas dada la escasa experiencia evolutiva del cerebro en materia de lectoescritura?

Pese a toda esta «rehabilitación» cerebral, el aprendizaje de la lectoescritura va a generar posteriores reajustes de las conexiones neuronales. Este hecho es fundamental porque el uso de programas de entrenamiento fonológico ha demostrado que provoca cambios en el cerebro, permitiendo acercar los patrones atípicos de los lectores disléxicos a los patrones de los lectores competentes.[3]

Es importante que establezcamos unos principios estables respecto al aprendizaje lector.

1.º El aprendizaje de la lectoescritura no depende de la madurez. Carlos Gallego argumenta que este análisis de la lectoescritura no puede aplicarse a este aprendizaje, ya que es artificial.[4] La madurez responde a procesos naturales. El niño aprende a andar porque hay una madurez de toda la musculatura corporal, de la coordinación óculo-pie, una madurez en los centros del equilibrio... La lectura depende del aprendizaje y de la enseñanza. La lectoescritura es un constructo cognitivo fruto de la instrucción explícita del adulto.

2.º La intervención temprana ha demostrado sus beneficios en las primeras etapas del aprendizaje lector, como ya demostraron Papanicolaou, Simos y Breier.[5] El hecho de esperar, genera una pérdida de tiempo y menosprecia el valor de la intervención temprana. Si comenzamos a intervenir en 2.º o 3.º de primaria, hemos desaprovechado una ventana de desarrollo valiosa para los niños con riesgo de sufrir futuras dificultades.

Es importante que marquemos cuál es la secuencia de desarrollo de un lector prototípico.

A los 3 años, el niño va reconociendo letras y números, pudiendo comenzar a escribir su nombre y a cimentar las bases que apoyarán el desarrollo posterior: la escucha activa, el diálogo, la lectura de cuentos, el análisis acústico de los sonidos y el desarrollo de la memoria auditiva.

A los 4 años, el niño comenzará a segmentar sílabas y escribirá palabras de manera silábica: *eoa* en lugar de *pelota*. La razón es que el hecho de estar inmerso en la etapa silábica le impedirá escribir todas las letras, debiendo escoger solo una de ellas. La grafía elegida suele ser la que engloba toda la sonoridad de la sílaba, habitualmente las vocales.

El perfeccionamiento del sistema de procesamiento fonológico le permitirá segmentar todos los sonidos, proceso que finalizará entre los 6 y los 7 años con el desarrollo de la escritura alfabética.

Entre 1.º y 2.º de primaria, el perfeccionamiento y el entrenamiento en lectoescritura provocarán un aumento en la velocidad lectora y se irá eliminando el silabeo propio de las primeras lecturas infantiles.

Este proceso, que dura unos 4 o 5 años, va a utilizar dos rutas para poder acceder a la información escrita: la ruta visual y la fonológica.

La ruta fonológica se utiliza al inicio del aprendizaje lector por parte de los niños, aunque el adulto puede recurrir a ella cuando lee una palabra desconocida, compleja o que nunca haya leído previamente. Esta ruta suele utilizarse entre los 5 y los 8 años de edad. Según el niño va memorizando un mayor número de palabras, estas se irán leyendo directamente. Es en este momento cuando el lector comienza a utilizar la ruta visual, la más competente y liberadora para el proceso lector. De hecho, los niños la utilizan en las primeras palabras que memorizan, ya sea su nombre, los de su familia o algún logotipo comercial. El beneficioso acto de leer de manera directa o visual una palabra estriba en que el sistema cognitivo es liberado de múltiples procesos que consumen recursos. Este tipo de lectura es la que utilizamos cuando estamos leyendo estas líneas. Las leemos de manera inmediata, rápida y visual. Esta descarga procedural podrá ser empleada para los procesamientos sintácticos, semánticos o morfológicos. Es habitual que el lector inicialmente lea un texto silabeando. Puede ocurrir que le preguntemos sobre algún dato y sea incapaz de respondernos. La explicación es que todos los recursos procedurales están dedicados a la conversión de grafema a fonema. El niño puede resolver estas dificultades de comprensión textual de dos formas. La primera es verbalizando de nuevo lo leído para que pueda entender el texto a través del léxico auditivo, del mismo modo que entiende cuando su padre le pregunta verbalmente una duda. Este recurso requiere de una buena memoria operativa. Una forma menos costosa se basa en que el adulto relea lo que el niño ha silabeado para que pueda acceder por las formas acústicas de las palabras. Es habitual que en las primeras etapas de primaria el lector alterne entre ambas rutas, ya que no todas las palabras han sido memorizadas y deben ser leídas grafema a grafema.

A partir de este momento es cuando el niño puede presentar los primeros síntomas de dificultades lectoras debido a que la velocidad de denominación es uno de los principales síntomas de los disléxicos. Cabe la posibilidad de que en estos cursos nos demos cuenta de que la hipotética «madurez» no ha sido suficiente. Quizá entonces sintamos que debemos pedir ayuda a algún profesional, realizar algún tipo de intervención o aplicar algún programa metalingüístico. Puede que varios cursos antes hubiéramos podido actuar de manera preventiva, habiendo ganado tiempo e iniciado medidas muy interesantes basadas en la conciencia fonológica.

¿Qué métodos existen para enseñar a leer y a escribir?

La eterna pregunta que se genera entre los padres y los profesores suele ser cuál es el mejor método para leer y escribir. Brevemente os presentaré las diferentes formas de realizar la aproximación a este aprendizaje:

— Método alfabético. El nombre de la letra es el inicio del proceso, y la combinación de las vocales con las consonantes genera la memorización de la sílaba. La limitación del mismo es que al leer requiero ir diciendo sus letras, lo que interfiere y enlentece el proceso.

— Método fonético. Los fonemas son los protagonistas de este aprendizaje. Combinando los sonidos, podemos construir cualquier palabra. Es útil en lenguas transparentes, como el español, porque, cuando el niño sea capaz de segmentar los fonemas, solo deberá elegir los grafemas correspondientes y podrá escribir cualquier palabra. La dificultad radica en que los sonidos son abstractos e intangibles. Es necesario darle una asociación creíble con el grafema. Como aspecto positivo, encontramos que podemos leer cualquier palabra con un número limitado de elementos.

— Método silábico. La sílaba marca el ritmo del proceso. El niño va aprendiendo las sílabas y las combina para formar las palabras. La limitación de este acercamiento metodológico es que debemos conocer todas las sílabas para leer cualquier palabra.

— Método global. La palabra marca el aprendizaje. El proceso es de arriba hacia abajo. El niño debe realizar un análisis de la palabra y buscar sus sílabas, los sonidos de las letras y las posibles combinaciones de las mismas.

En páginas posteriores ofreceremos argumentos sobre cuál es el mejor método para aprender a leer, basándonos en los estudios de la neurociencia.

LA LECTOESCRITURA EN ESPAÑA

Mi percepción sobre la lectoescritura de nuestro país es pesimista. Tal vez no sea la mejor manera de comenzar este libro. Mi visión no se centra en nuestros jóvenes, ni en los profesionales de la educación, ni tan siquiera en las nuevas tecnologías y su supuesta afectación en la lectura y en la escritura. Mi pesadumbre engloba a las variables contaminadoras que desde hace años afectan a la educación desde varios frentes y que iré desgranando y presentando en este libro.

La publicación de los resultados PISA del año 2012 confirmó los peores presagios: España había tocado fondo y las perspectivas no eran halagüeñas. Las miradas de todos los sectores apuntaron al colectivo de los profesores y al nivel educativo como algunas de las causas de este desplome nacional en las estadísticas mundiales.

Los resultados del mismo informe del año 2015 trajeron una fresca esperanza ante la mejoría de los datos. Una subida que coincidió con la instauración de la ley educativa LOMCE.

Y llegamos al informe del 2018. En esta ocasión, una sonora polémica rodeó esta edición. Más adelante explicaré qué circunstancias salpicaron las conclusiones de esta última edición.

En los siguientes capítulos expondré mis argumentos para demostrar el mal uso, el partidismo, la mala gestión, la incompetencia política y la dejadez de nuestras administraciones en materia de lectoescritura.

Podríamos argumentar que la situación actual de la lectura y de la escritura en nuestro país tiene una valoración dual. Es positiva debido a que los resultados del último informe PISA no son negativos, y así se han presentado a la ciudadanía. Por el contrario, es grisácea, ya que existen una serie de males endémicos que lastran el futuro de este aprendizaje instrumental.

Los tres principales factores que ensombrecen la lectoescritura son los siguientes:

1. Los planes de estudio.
2. La legislación que establece los criterios de aprendizaje de la lectura y de la escritura.
3. La escasa importancia que las Administraciones educativas otorgan a la educación como institución.

Habrá tiempo en los sucesivos capítulos de analizar todas estas variables.

¿Todo está mal en la educación? Por supuesto que no. Las capas medias e inferiores pueden enorgullecerse de ser las que tiran hacia delante del carro de la educación. Las capas superiores aún no se han dado cuenta de que ellos deben servir a los estratos inferiores y no al revés. ¿Cómo es posible que las consejerías y estamentos educativos de altas instancias colapsen los centros con una mayor carga de trabajo administrativo y burocrático? ¿Cómo es posible que los recortes se compaginen con un aumento de las funciones docentes? ¿Cómo es posible que los inspectores desoigan las indicaciones de los tutores respecto a la repetición de curso de ciertos alumnos solo por la presencia de una oposición frontal por parte de las familias? Y ¿cómo es posible que ningún inspector haya entrado en mi clase a preguntar qué necesitamos los profesores, pero se obsesionen con los papeles administrativos de los equipos directivos?

El objetivo de este libro es visibilizar una serie de aspectos que nos permitan normalizar una realidad que ha ido perdiendo su direccionalidad durante los últimos veinte años.

EL CAMBIO DE SIGLO

En los primeros años del siglo XXI aparecieron unas señales que poco a poco han ido empañando la educación y la percepción de la población hacia la lectoescritura. Este cambio coincidió temporalmente con mis estudios universitarios de Magisterio en la Universidad Complutense de Madrid.

Estos indicadores comencé a verlos en la autopista A-6 de Madrid, en los carteles publicitarios de ciertos centros educativos privados del norte de mi comunidad. De entre todos los reclamos que vi, recuerdo las siguientes frases:

— «Los primeros lectores».
— «El bebé lector».
— «Lectoescritura desde educación infantil».

Todas estas insinuaciones metodológicas me provocaron sentimientos contrarios en mi práctica educativa, que siempre ha ido en línea opuesta. Valoro negativamente la decisión de adelantar este aprendizaje. Mis creencias metodológicas me han llevado a optar por atrasarlo el mayor tiempo posible.

Según avanzaron los años y los cursos escolares, me fui percatando de que la escuela pública había copiado muchas estrategias de *marketing* de la escuela privada y concertada y las había integrado dentro de las escuelas sostenidas con fondos públicos. A mi entender, una de las decisiones más graves fue la de adelantar el inicio de la lectoescritura. Se había producido un trasvase de unas creencias metodológicas desde la escuela privada a la escuela pública. ¿Cuál fue el motivo?

Una posible causa es la pérdida de alumnos en la escuela por parte de esta última.

Este descenso del alumnado ya fue recogido en los primeros meses del año 2006 por la Confederación de Padres y Madres de la Escuela Pública, que alertaba de la progresiva pérdida de alumnos de la escuela pública.[6] Y una escuela sin niños debe promover la matriculación de alumnos. Si usar la lectoescritura como reclamo es rentable, lo implantamos.

¿Podríamos encontrar algún indicador fiable del porqué del cambio de la tendencia de las familias en la escolarización de sus hijos de la escuela pública a la privada? Existen tres posibles causas que expliquen este hecho:

1. El uso de herramientas publicitarias para atraer a las familias mediante ardides y propuestas cuestionables. Es una realidad que las familias dan un valor añadido al hecho de que sus hijos aprendan a leer o a escribir antes que los demás compañeros. Este desarrollo parece llevar implícita una garantía del futuro profesional y social de sus hijos.

2. La educación integral que ofrecen algunos centros desde los 0 a los 18 años y que tranquiliza a las familias en toda la trayectoria educativa. Esta medida sí podría ser copiada y aplicada de manera efectiva en los colegios públicos.

3. La falsa percepción de que las escuelas públicas son reductos de inmigración. La diferencia radica en que los centros de titularidad privada pueden elaborar perfiles de matriculación por criterios de renta y de procedencia. Estas variables sí han demostrado su influencia en los futuros resultados académicos del alumnado de manera concluyente.[7]

Estas reflexiones no representan un ataque ni a la escuela privada ni a la concertada. El objetivo es que sirvan de revulsivo para conseguir un trato justo e igualitario entre ambas titularidades y que no se establezcan diferencias que afecten a los resultados de los alumnos en función de la escolarización escogida. En ningún caso es un menosprecio a la labor de los educadores y profesores que ejercen su trabajo de la manera más profesional, ética y vocacional.

Como defensor de la escuela pública y de su función social, deseo escribir este libro para tratar de invertir la actual tendencia escolar de adelantar los contenidos, aprendizajes y enseñanzas que, lejos de funcionar, provocan un efecto contrario.

EL INICIO TEMPRANO DE LA LECTOESCRITURA

Para valorar objetivamente el siguiente apartado del libro, debemos ser capaces de responder a la siguiente pregunta: ¿cuál es la razón última de iniciar un aprendizaje en el ser humano?

Si seguimos nuestro sentido común, la respuesta puede ser sencilla. Un aprendizaje debe comenzarse cuando el sujeto necesita de su adquisición para poder desenvolverse en su medio, físico o social. Sin estas adquisiciones nos encontraríamos en un estado de indefensión y de desigualdad frente a nuestros congéneres. Pero, además de responder al principio de adaptación, el inicio debe respetar las etapas y estadios del desarrollo y de la evolución del individuo.

En los aprendizajes naturales del ser humano, el inicio lo establece el propio individuo. Los adultos podemos estimular al niño para que vaya logrando alcanzar los hitos intermedios de la etapa total. Por ejemplo, cuando un niño comienza a gatear, podemos ofrecer estímulos para que vaya recorriendo distancias cada vez mayores. Este tipo de decisiones que debemos tomar para favorecer los desarrollos infantiles suelen estar guiadas por el sentido común del adulto.

¿Y qué ocurre con los aprendizajes artificiales? Por «artificiales» me refiero a aquellos hitos que no son innatos al niño, sino que han sido creados por la sociedad. No responden a un inicio natural en el ser humano. Entre estos aprendizajes encontramos la lectura y la escritura, el manejo de un móvil o el uso de un ordenador personal. En este tipo de aprendizajes es obligación de los adultos el establecer los hitos madurativos necesarios para poder comenzarlos y la secuencia que debemos fijar para que el niño pueda lograr su consecución.

Por desgracia, y más en nuestro país, el ponerse de acuerdo en materia educativa no es una virtud de los políticos españoles, y, cuando los organismos educativos no establecen unos acuerdos consensuados, cada colegio, cada comunidad educativa, cada tendencia metodológica o cada familia actúan de manera independiente y, en ocasiones, sectaria.

El caso del inicio precoz de la lectoescritura ilustra a la perfección el caos y la improvisación de las entidades legislativas educativas que presentan propuestas diferentes e incompatibles entre sí, como ya explicaré más adelante.

La respuesta a cuándo debemos comenzar a enseñar a leer y a escribir debe contestarse sobre la cuestión de si existen datos o indicios que nos den una fecha para iniciar este aprendizaje.

Como afirman los creadores de la prueba PECO para la evaluación del conocimiento fonológico, la etapa de educación infantil «supone acercarlos a algo que les proporciona experiencias divertidas y gratificantes». Con aquellos alumnos que tengan curiosidad por la lectura y la escritura, solo deberemos «responder a su curiosidad de la misma forma en que se responde a sus interrogantes sobre el mundo en general».[8]

¿CUÁNDO DEBEMOS ENSEÑAR A LEER Y A ESCRIBIR?

Retomando mi línea argumentativa, es vital que reflexionemos sobre si la lectoescritura cubre una necesidad en el niño en las primeras etapas de su vida. Es evidente que el niño se siente atraído hacia el mundo de las letras desde los primeros años. La lectura de cuentos, su nombre propio o jugar con las letras magnéticas. Esta atracción hacia la realidad de las palabras no debe confundirnos y hacernos creer que el niño desea ser iniciado en su enseñanza. Para ellos es una realidad de naturaleza lúdica y de conexión emocional con su familia y una aproximación a la lengua escrita a través de su nombre y de sus letras.

En mis años como tutor de alumnos de educación infantil no he encontrado casos de niños interesados en leer y escribir de manera espontánea en el primer curso de infantil. En el 2.º curso, el que abarca desde los 4 a los 5 años, podemos encontrar algún caso de interés temprano por iniciarse en esta habilidad. Será a partir de los 5 años cuando algunos alumnos pueden solicitar ayuda al adulto para comenzar su andadura en este mundo tan intrigante.

Mi percepción sobre esta cuestión, basada en mi experiencia educativa, es que la mayor parte de los niños no muestran un interés real por iniciarse de manera temprana ni en 3 ni en 4 años.

Independientemente del interés del niño, ¿es necesario iniciarlo tan pronto? Para lograr desentrañar esta decisión, debemos valorar tres indicadores que pueden hacer que nos replanteemos nuestra posición.

1. La utilidad. Leer en los primeros años de la vida de un niño no responde a una necesidad vital, adaptativa ni representativa de sus motivaciones intrínsecas. Debemos evitar confundir «interés» con «curiosidad».

2. La adaptabilidad. La integración al mundo físico, psíquico y social es asumida por el adulto, que es el responsable de orientar al niño mediante el lenguaje oral para asimilar todas las claves que debe dominar para lograr una inmersión social completa. El niño nunca usará

el lenguaje escrito para aprenderlas, sino que pedirá ayuda al adulto para que le explique su funcionamiento.

3. Es alejada. La principal actividad de un niño se basa en el juego. Esta actividad es la herramienta básica para dominar las múltiples dimensiones del ser humano. Alejarnos de esta ventana motivacional es un evidente error. Es posible que el niño disfrute buscando las letras magnéticas que forman su nombre y puede ser una actividad muy motivante a los 3 años. Obligarlos en esta edad a escribir textos, listas de palabras o cualquier actividad similar pierde el carácter lúdico de la misma.

¿Es tan importante escribir o leer a los 3 o 4 años? Yo creo que no. El adelantar casi dos años el inicio de la lectoescritura conlleva más defectos que virtudes. El más evidente es el hastío hacia esta habilidad al inicio de la primaria, debido al desgaste de tantas horas dedicadas a una actividad tan costosa como complicada. ¿Para qué gastar tantos años de aprendizaje de la lectoescritura si, cuando llegamos a primaria, volvemos a comenzar desde el principio con el aprendizaje individual de cada letra? ¿Es necesaria una cartilla de lectura cuando el mundo de los niños está rodeado de textos que pueden usarse para tal función?

Este libro enseñará una metodología de enseñanza de la lectoescritura que os revelará una manera de enseñar a leer y a escribir sin necesidad de realizar excesivas producciones físicas por parte de los niños.

LAS TRES PREGUNTAS SOBRE LA LECTOESCRITURA

Es habitual que los profesores, las familias y la sociedad simplifiquemos el tema de la lectura a una simple pregunta: ¿cuándo debe leer un niño? En realidad, tiene sentido que esta pregunta nos marque los tiempos de normalización para poder establecer los márgenes de actuación y de prevención. Sin embargo, se queda corta ante una realidad mucho más compleja. La pregunta estándar debe transformarse en tres cuestiones diferentes:

1. ¿Cuándo debe leer un niño?
2. ¿Cuándo leerá un niño?
3. ¿Qué margen tiene un niño para aprender a leer?

¿CUÁNDO DEBE LEER UN NIÑO?

La pregunta que abordaremos a continuación es la más habitual. Como norma general, podemos situar los tiempos entre los 6 y los 8 años. Según mi experiencia, se establecen los siguientes tiempos:

Edades del alumnado	Curso	Porcentaje de alumnos que leen
Entre 6 años y 6 años y 6 meses.	Final de infantil	Entre un 60 % y un 80 %
Entre 6 años y 6 meses y 6 años y 9 meses	Al final del verano (entre la etapa de infantil y la de primaria)	Entre un 80 % y un 90 %
Entre 6 años y 9 meses y 7 años y 6 meses	Al final de 1.º de primaria	Entre un 90 % y un 95 %

Podemos concluir que, a los 6 años, los niños nos facilitan unos indicadores que dan pistas sobre la iniciación real en la lectoescritura, aunque no hayan comenzado una acción regular sobre la misma. Debemos marcar todo el primer curso de primaria para lograr el acceso a la lectoescritura de todos nuestros niños y estipular una serie de medidas preventivas para los que llevan un ritmo más lento.

¿CUÁNDO LEERÁ UN NIÑO?

Esta pregunta es mi favorita a la hora de contestar a las familias. Mi respuesta es la siguiente: «Cuando su hijo quiera». Puede sonar despreocupado, pero es un hecho que cada alumno marca su inicio efectivo en esta capacidad.

Solo hay tres condiciones que debemos valorar para establecer una secuencia normalizada en su arranque lectoescritor:

1. El niño presenta una secuencia de conciencia fonológica ajustada.
2. El niño conoce las letras y su relación con los fonemas.
3. El niño está motivado para iniciar esta práctica.

Salvo que el niño presente problemas en el desarrollo de la secuencia de la conciencia fonológica, no suele preocuparme el arranque de la misma. En el capítulo 2 revelaremos en qué consiste la conciencia fonológica y por qué es tan importante en el aprendizaje lector. De hecho, presionar a un niño con tareas de escritura y lectura puede provocar un efecto rebote a la llegada de primaria: el niño presentará conductas de hartazgo hacia cualquier tarea relacionada con el lapicero y el libro. Es mejor esperar el momento y, una vez que eclosione, presentar actividades motivantes para lograr engancharlo de una manera definitiva. Por poner un ejemplo, mi hija Zoe se inició en la lectoescritura de una manera espontánea: cogía letras imantadas, jugaba al ahorcado, escribía frases que complementaban sus dibujos, etc. A día de hoy, sigue disfrutando de esta actividad debido, según mi opinión, a una libertad a la hora de elegir esta acción y al respeto por sus ritmos evolutivos.

¿QUÉ MARGEN TIENE MI HIJO
PARA APRENDER A LEER?

Esta es la pregunta más importante de todas porque revela el grado de conocimiento del profesional respecto a las etapas de desarrollo de la lectoescritura. Podemos fijar un límite provisional sobre los 7 años de edad. La consigna que debemos imponernos es que los niños que cumplan 6 años y no presenten indicios de iniciación serán alumnos sobre los que estableceremos una observación continua y con los que iniciaremos actividades preventivas en clase y con su familia, a la que involucraremos para que sepa en todo momento el punto de evolución de la lectoescritura. ¿Y cómo involucramos a una familia a intervenir en lectoescritura? La manera de lograrlo es hablándoles a los padres del momento evolutivo en el que se encuentra su hijo, su situación personal y las acciones preventivas que vamos a llevar a cabo. Os voy a presentar una transcripción de una entrevista que tuve con una familia cuyo hijo era candidato a observación.

I. (inicial del alumno) ya es capaz de realizar segmentaciones de sílabas, pero con dificultades y con errores y omisiones en palabras de más de tres sílabas. Su análisis fonológico debería ir precisándose, y las omisiones, desapareciendo. El nivel de I. en lectoescritura está muy iniciado y debemos estar pendientes durante los próximos meses de curso. El hecho de que su sistema auditivo no sea capaz de segmentar con precisión es un dato que nos debe alertar durante este curso. Comienza a escribir palabras de manera silábica, pero con mucha ayuda. I. conoce algunas letras y sus sonidos, y este hecho es positivo. Se os facilita un juego de tarjetas para trabajar la segmentación silábica. Durante estos próximos meses, recomendamos que realice juegos de silabeo en los desplazamientos en coche hasta la escuela o como rutina antes de irse a dormir.

Después de esta entrevista y de facilitar las orientaciones y el material, volví a reunirme con la familia.

I. ha comenzado a leer algunas palabras por ruta visual. Es capaz de leer algunos nombres de compañeros del aula. Seguimos trabajando la conciencia fonológica. I. ya es capaz de realizar con eficacia segmentaciones de sílabas (enhorabuena) y de escribir palabras sencillas con nuestra segmentación fonémica. Su análisis fonológico aún está desarrollándose y se irá especializando más, lo que permitirá ir completando las omisiones. El desarrollo de I. está en proceso. Conoce bastantes letras y sus sonidos.

El siguiente caso corresponde a un alumno que presentaba escasos avances en ciertas tareas relacionadas con la lectoescritura a los 5 años. Después de hablar con la familia y facilitar indicaciones para estimular su aprendizaje lector, el alumno logró sus objetivos de etapa. Tenía 5 años y 9 meses en el momento de la reunión.

C. (inicial del alumno) segmenta los fonemas de una manera mucho más precisa, y el avance respecto a semanas anteriores ha sido significativo. Es capaz de escribir palabras y textos sencillos con menos ayuda. Las omisiones residuales decrecen y casi no comete errores de inversión silábica. Comienza a percibir la secuencia sonora y a ordenarla correctamente. La lectura ha evolucionado, y este hecho le permite leer sílabas, palabras y frases sencillas. Los errores evolutivos de C. se multiplican al escribir textos largos y al mantener la actividad en el tiempo.

— Segmentar los fonemas.
— Comparar si dos palabras comienzan o acaban por el mismo sonido.

— Veoveo sonoro. Ejemplo: «Busca una palabra que comience con el fonema /s/».

— Juegos de encadenar palabras cogiendo el último sonido y empezando con ese mismo fonema.

— Escritura de palabras con los pares de grafías: b/v, c/z, k/q/c, ll/y...

— Juegos de transformación. Ejemplo: «Si cambio un sonido en una palabra y lo sustituyo por otro, ¿qué palabra obtengo?».

— Juegos de unir fonemas. Ejemplo: «El conjunto de fonemas /s/, /e/, /t/, /a/. ¿Qué palabra forma?».

Mostrar los aspectos que se deben mejorar en la evolución lectora es importante, pero es nuestra función facilitar y exponer a todas las familias las etapas y los avances de sus hijos.

Esta transcripción corresponde a un niño con un correcto desarrollo de la lectoescritura.

A. (inicial del alumno) se encuentra en un buen nivel, ya que segmenta correctamente las sílabas, usando para ello las palmas. A. comienza a conocer algunas letras y su asociación con sus sonidos. Este hecho es fundamental, ya que, según avance a los 5 años, podrá aislar los sonidos de las palabras y solo tendrá que encontrar qué letra tiene el sonido segmentado.

La información actualizada a las familias debe ser un pilar esencial de la prevención de la lectoescritura y evitará malas sensaciones y equívocos en caso de que el niño sea diagnosticado, años después, de algún tipo de trastorno lector. Las familias que desde infantil han recibido informaciones sobre el ajuste o desajuste de su hijo en esta capacidad aceptarán con menos sorpresa cualquier problema derivado de un desarrollo anómalo, y el impacto inicial será absorbido por la experiencia que ya habían recibido por parte del profesor o profesional que haga el análisis de su desarrollo lector.

Llevo muchos años tratando de elaborar un enfoque personal y contrastado sobre la lectoescritura para aplicar en mi práctica diaria. El hecho de haber conocido los prerrequisitos lectores y su importancia en la lectoescritura me ha ido permitiendo trazar un método sobre cómo enseñar. Esta concepción trato de trasvasarla al sistema educativo, aunque podamos encontrar ciertas reticencias entre algunos reales decretos, como el de la Comunidad Autónoma de Madrid, y las maneras más conservadoras y respetuosas de abordar este aprendizaje. Mi concepción sobre la génesis de la lectoescritura se basa en diferentes objetivos y contenidos para cada una de las etapas educativas críticas en este proceso.

Etapa	Contenidos	Objetivos
Educación infantil	Prerrequisitos lectores Conciencia fonológica. Asociación grafemas y fonemas. Velocidad de denominación. Factores de riesgo: Memoria verbal. Lenguaje oral.	Sentar las bases de la lectoescritura sin obligar a su aprendizaje. Aquellos niños que lo logren serán apoyados por los profesores para potenciar su inicio precoz. Debemos evitar la escritura excesiva de textos escolares y solo con un adecuado análisis de su interés y finalidad.
Educación primaria 1.º y 2.º	Escritura de palabras y frases. Comienzo de la lectura de textos. Enseñanza de reglas ortográficas y textuales.	En esta etapa debemos comenzar el aprendizaje de la lectoescritura. Aquellos niños que hayan podido afianzar los objetivos de infantil podrán acceder de manera rápida y con una correcta gestión de sus recursos.

Es complicado tratar de invertir una tendencia educativa como la de iniciar tempranamente la lectoescritura porque hemos deformado el concepto de su enseñanza al hecho de coger un lapicero y plasmar letras en una hoja. Escribir requiere de unos aprendizajes y de unas habilidades que ni siquiera están cerca de la órbita del papel. Dichos previos pueden y deben ser trabajados en la escuela y en las casas con años de antelación a la escritura real y efectiva. Solo debemos pasar al papel al final de todos estos procesos que comienzan a los 3 años. Algunos pensarán que es tiempo perdido. Yo pienso que es tiempo ahorrado. De hecho, cuanto antes comencemos a trabajar los previos lectores, mejores resultados obtendremos con los niños con dificultades lectoras. Según crece mi experiencia en el aula de infantil, más me reafirmo en dos ideas que pueden parecer antagónicas. La primera es que leer es un proceso largo y complicado para las estructuras neurológicas de los niños. La segunda es que existe un momento en el que la lectoescritura parece florecer de una manera súbita si hemos trabajado previamente los prerrequisitos lectores; en muchas ocasiones, sin que el niño haya tenido experiencias con el lapicero, como si siempre hubiera estado latente y a la espera de despegar. Es un momento mágico cuando los niños descubren y leen su primera palabra. Lo demás será un descubrimiento fantástico y progresivo. Las habilidades fonológicas, las asociaciones grafemas-fonemas y los componentes lingüísticos y memorísticos se alinean para que nuestros futuros lectores emprendan su primer vuelo.

LAS CAUSAS DE LA SITUACIÓN
LOS PLANES DE ESTUDIO

Desde que comencé a trabajar, me ha encantado cumplir otra faceta como profesional de la educación: ser tutor de alumnas de prácticas. Es gratificante formar a futuras maestras y mostrar tus conocimientos y años de experiencia a la nueva generación de educadores. Además, formar es volver a ilusionarte por tu profesión debido a que te pones en su piel y vuelves a revivir tus primeras emociones como maestro. Una de las preguntas iniciales que formulo a mis alumnas de prácticas es la siguiente: «¿Sabes qué es la conciencia fonológica?». De las cinco alumnas a las que he formado, solo una de ellas había oído hablar de este término, aunque no fue capaz de definirlo.

La misma cuestión la planteo en las ferias de innovación a las que asisto o en las presentaciones que realizo en universidades o centros educativos. El desconocimiento de este término dentro del ámbito educativo me ha supuesto un añadido extra para escribir este libro. Si los profesionales de la educación no lo conocemos, no seremos capaces de aplicarlo y enseñar a las familias a estimularlo en el hogar.

Pese a que será en la segunda parte del libro cuando desarrolle el concepto de la conciencia fonológica, deseo dejar una pincelada de la importancia capital de esta capacidad. La conciencia fonológica es el principal indicador fiable del futuro éxito lector de una persona.

Su importancia está recogida y referenciada en estudios desde la década de los setenta. Dada la importancia de esta habilidad, ¿cómo no está incluida en los planes de estudio de las universidades?

Para ser sinceros, yo era una de estas personas que desconocían esta capacidad, y lo seguiría siendo si no se hubiera cruzado en mi vida Aníbal Puente Ferreras. Brevemente os quiero contar cómo accedí al conocimiento de este concepto.

Al terminar la carrera de Magisterio en la rama de Educación Primaria, fui a veranear al pueblo donde pasaba los veranos mi abuela. Este pueblo se llama La Ercina y se encuentra en la bellísima tierra natal de mi madre, León.

En la misma localidad disfrutaba de sus vacaciones el catedrático Aníbal Puente Ferreras, que era y es el director del

Máster Internacional «Experto y especialista en intervención educativa en lectura y escritura»[9]. Gracias a Aníbal, pude conocer este máster, que me proporcionó un nivel de conocimiento sobre la lectoescritura y que me abrió una nueva visión sobre ella. Por primera vez desde que accedí a mis estudios superiores, sabía cómo enseñar a leer y a escribir a los niños.

Desconozco si los planes universitarios han incorporado este tema en la enseñanza de la lectoescritura a los futuros maestros españoles. Sé, de primera mano, que la Universidad Camilo José Cela sí es sensible y transmite estos conocimientos a sus alumnos. Del resto, lo ignoro. La sensación es que un elevado porcentaje de las personas que conforman la comunidad educativa no conocen la importancia de este desarrollo. Este dato es significativo.

Mi aprendizaje sobre lectoescritura que me fue transmitido en la carrera de Magisterio entre los años 1998 y 2001 se limitó a saber describir los diferentes métodos de enseñanza y a conocer un mero resumen de los mismos: el fonético, el alfabético, el global y el silábico. En una sola sesión. Nada más. Un escaso bagaje para afrontar esta enseñanza cuando te asignan tu primera tutoría.

Visto en perspectiva, la formación en lectoescritura me parece escasa para los futuros profesores. Esta limitación de recursos ha generado que muchos profesionales y centros se hayan decantado por usar métodos de editoriales, cuartillas de lectura y cualquier material para lograr disponer de un apoyo para la enseñanza de la lectoescritura.

Es vital que las universidades otorguen a la conciencia fonológica y a la lectoescritura el valor que se merecen.

LA LEGISLACIÓN EDUCATIVA

La legislación educativa es el marco en el que los profesores debemos encuadrar nuestra actividad docente y nuestra función escolar. Pero ¿qué ocurre cuando algunas de las prescripciones de las leyes que rigen la acción del profesorado están equivocadas? Aunque pueda parecer pretencioso que yo resalte el error de una legislación, me remitiré a las pruebas para demostrar que, cuando algunas disposiciones legales no son correctas, debemos indicarlo y luchar para que se subsane tal error.

En el Real Decreto 1630/2006, de 29 de diciembre, por el que se establecen las enseñanzas mínimas del segundo ciclo de Educación Infantil en el territorio MEC, en el artículo 3 de los objetivos de etapa se establece como logro el «iniciarse en las habilidades lógico-matemáticas, en la lectoescritura y en el movimiento, el gesto y el ritmo». En el área de Lenguajes: Comunicación y Representación, no aparece ningún objetivo sobre la escritura ni lectura de palabras ni de frases.[10]

Si analizamos el Real Decreto 17/2008, de 6 de marzo, del Consejo de Gobierno por el que se desarrollan para la Comunidad de Madrid las enseñanzas de la Educación Infantil, observamos que en el artículo 3 de los objetivos se marca el mismo que en el territorio MEC: «Iniciarse en las habilidades lógico-matemáticas, en la lectoescritura y en el movimiento, el gesto y el ritmo». Sin embargo, en el área de Lenguajes: comunicación y representación, encontramos el siguiente objetivo: «Leer y escribir palabras y oraciones sencillas».[11]

Si analizamos ambos decretos, encontramos una incongruencia sobre los objetivos finales. Por un lado, se desea iniciar la lectoescritura y, por otro, se concreta con la escritura y lectura efectivas de palabras. Cualquier persona comprenderá que, si un niño lee y escribe palabras sencillas, por definición será un niño que lea y que escriba. Al reflejarlo como objetivo de esta área, condiciona a todos los niños de infantil a saber leer y escribir al final de este período educativo.

Desde el punto de vista de la metodología, el primer decreto es más conservador y respeta que cierto porcentaje de alumnos no acabe la etapa con esta capacidad desarrollada. Es la mejor manera de afrontar la lectura y la escritura en infantil. Por descontado, cualquier profesor de educación infantil podrá afirmar que, salvo excepciones, no todo el alumnado de infantil finaliza el ciclo con la lectura y escritura afianzadas. La iniciación se realiza en esta fase inicial, y la consolidación se establecerá en la etapa obligatoria de primaria. De hecho, parecería una decisión acertada el pensar que la lectoescritura debería iniciarse en la etapa obligatoria para no crear desigualdades con el alumnado que aún no ha acudido a la escuela.

Entre ambos decretos existe el elemento diferenciador que demuestra una gran laguna en el estamento público: la discrepancia entre diferentes administraciones.

Mientras que el MEC insiste en el concepto más progresivo del inicio de la lectoescritura y deja un margen a los profesores para establecer los pasos y las pautas para desarrollarlo escalonadamente, el de la Comunidad de Madrid marca una obligatoriedad de finalizar la etapa habiendo adquirido la lectoescritura.

Por definición, los objetivos de la etapa deben ser alcanzados por la totalidad del alumnado que no presente ningún tipo de hándicap, impedimento o dificultades de acceso. El resto de los objetivos de la etapa de educación infantil no albergan dificultades para adquirirlos por parte de los niños de la etapa, ya que están ajustados a la evolución de los niños de 3 a 6 años. Sin embargo, uno de los más importantes aprendizajes, el de la lectoescritura, sufre de las presiones de los organismos públicos, obstinados en lograr el temprano aprendizaje de la lectura y la escritura, movidos por una moda de los centros privados y concertados, así como por una equivocada gestión e interpretación de los resultados del informe PISA.

Pero ¿qué pensaríais si os afirmo que aproximadamente un tercio del alumnado de la etapa puede que no logre alcanzar este objetivo curricular?

Otra vez la conciencia fonológica aparece en escena. Ya volveremos a abordar esta cuestión en el capítulo 2.

La educación es un arma política. Deseo enfatizar que desde 1970 han existido siete leyes educativas en España. Un simple cálculo matemático nos revela que cada ley educativa dura una media de 5,4 años.

Es necesario que las fuerzas políticas establezcan unos mínimos en sus acuerdos que permitan mantener y lograr una continuidad que facilite una eficacia a largo plazo. La escasa estabilidad de las diferentes legislaciones educativas demuestra que, con cada cambio de Gobierno, se activa el botón de *reset*.

Si analizamos los cambios entre las diferentes propuestas de todos estos años, destaca que las bases estructurales suelen mantenerse estables. Los aspectos que varían y generan la controversia y las críticas entre los partidos políticos responden a temas de calado ideológico y político: «Educación para la ciudadanía» o «Educación sexual». Es lamentable que, por cuestiones estéticas, políticas y sociales, se eche por tierra toda una ley.

Después de analizar estas variables, podemos ilustrar los pasos que se siguen para la elaboración y establecimiento de una ley educativa.

— Un nuevo Gobierno accede a la presidencia del país.
— La nueva ejecutiva cumple su promesa electoral de derogar la ley educativa vigente en ese momento.
— Se elabora durante varios meses una nueva ley educativa.
— La oposición demuestra su disconformidad.
— El Gobierno aprueba la nueva ley con los votos en contra de una amplia horquilla del Congreso de los Diputados.
— La oposición promete la derogación de la ley cuando recuperen la presidencia del Gobierno.
— Según pasan los cursos y se aplica progresivamente la nueva legislación, se convocan elecciones y gana el partido de la oposición.
— El nuevo Gobierno tumbará la ley vigente.

Este bucle se puede repetir indefinidamente y, en el caso de España, puede resultar imposible el objetivo del consenso en educación.

Pese a todo lo que he comentado y pese al supuesto interés de los partidos políticos en imponer sus leyes en materia educativa, las altas instancias de la Administración educativa no se preocupan por ella. El deseo de los partidos políticos consiste en conseguir cazar la pieza y exhibirla en las paredes, como hacen los cazadores con sus trofeos. Es posible que, una vez cazada, no vuelvan a admirarla, salvo para alardear de ella. Quizá los lectores piensen que estoy equivocado, pero deseo dar un dato objetivo que reafirme mi posición. A fecha de abril del 2018, de las 17 comunidades autónomas que configuran nuestro país, en solo 5 de ellas hay un consejero de Educación que tenga o haya tenido relación con la docencia. El más alto puesto educativo, el de consejero de Educación, no es ocupado por alguien relacionado con ese campo del saber. El total de consejeros de Educación de las comunidades autónomas provienen de las siguientes ramas profesionales: Periodismo (1), Ciencias Políticas (1), Ciencias de la Educación (1), Filología (1), profesor de F. P. (1), Magisterio (3), Trabajo Social (1), Comunicación Audiovisual (1), Económicas (2), Químicas (2), Derecho (2) y Geografía e Historia (1).

Estos datos nos transmiten una triste realidad en la que solo un 26 % de los consejeros de Educación de los Gobiernos autonómicos están relacionados e implicados con los conocimientos y la experiencia necesarios para aconsejar al colectivo al que representan. Por otro lado, un 31 % de las Consejerías de Educación se compaginan con otras funciones, como la de juventud, innovación o empleo. Siendo la educación la estrella en las partidas presupuestarias de la nación, se le debería dar más importancia. Solo en 6 de las 17 comunidades autónomas de España, la Consejería de Educación tiene una naturaleza única.

Después de analizar las Consejerías de Educación de España, me planteé la siguiente cuestión: ¿ocurrirá lo mismo en otras consejerías? ¿Presentarán un perfil relacionado y acorde a la consejería asignada? ¿Valdrá cualquier titulación académica, pese a que no guarde relación con el tema del que vas a asesorar?

He decidido seleccionar otra de las consejerías estrella: la de Economía. ¿Habrá algún maestro de consejero o es demasiado importante para depositar en él esa responsabilidad? La realidad es bien diferente entre ambas titularidades. En este caso, el porcentaje de consejeros que sí tienen relación con esta área de Gobierno sube a un magnífico 63 %. Contrastemos: 63 % vs. 25 %. ¿De verdad las administraciones le dan tanta importancia a la educación frente a otras materias?

Por mucho que me esfuerzo, no puedo encontrar el punto de unión entre un economista y la Consejería de Educación. Este hecho no quiere afirmar que todos los profesores sean idóneos para la función de consejero. Es posible que se pudieran solicitar criterios mínimos de experiencia profesional para acceder a este cargo. Entre las variables idóneas que se me ocurren para poder asesorar al resto del colectivo, estarían los años como personal de equipos directivos, de profesor de aula o las publicaciones especializadas escritas. Desde luego, un/a director/a con más de quince años de experiencia dispone del conocimiento de campo para ser capaz de establecer líneas reales de actuación en la docencia y en su colectivo.

Llegados a esta reflexión, deseo dejar divagar mi mente y hacer un sano juicio de realidad. La ciudadanía demanda una serie de personas que cumplan unas funciones públicas y que deban responder a realidades concretas, de manera responsable y profesional. Ese es el principal valor del funcionariado. Los ciudadanos que acceden a estos puestos son personas que aprueban las oposiciones y a los que se les otorga una responsabilidad. El concurso-oposición actúa de filtro que provoca que accedan personas con la formación, preparación y seguridad necesarias para cumplir las funciones otorgadas.

¿Por qué los consejeros no pueden acceder a estos puestos mediante oposición? La respuesta es manida por muchos medios. Una explicación es que los Gobiernos autonómicos deben rodearse de personas de confianza para lograr los objetivos de sus proyectos electorales. Considero que este postulado es falso. Esta respuesta es capciosa. Si siguiéramos este planteamiento, los equipos directivos podrían elegir a sus profesores idóneos más afines a su proyecto de centro con el objeto de lograr su ideal educativo. La realidad es otra: los equipos directivos reciben a sus profesores y reman en una dirección común. Sean del color político que sean. Sean de la orientación metodológica que sean.

Los consejeros deberían responder a la misma propuesta. Los consejeros de Educación deberían acceder a estos puestos con un único fin: aconsejar.

La ausencia de límites de acceso genera una sensación de opacidad entre los encargados de las consejerías y nos traslada a un escenario de empresa privada en la que los encargados son los que dirigen, actúan y organizan. La diferencia es que las comunidades autónomas no son empresas privadas.

No deseo desmerecer a ninguna de estas personalidades, estoy convencido de su valía, pero tengo el deber de dudar de que un economista pueda ser el consejero ideal de un gremio y de una realidad que dista años luz de su campo de actuación. ¿Cómo puede aconsejar alguien ajeno a una realidad profesional a personas que la dominan, como es el caso de los profesores? ¿Qué ocurriría si el consejero de Justicia de una comunidad autónoma hubiera desarrollado su carrera profesional como profesor en un colegio? ¿Podría asesorar a jueces que llevan décadas desarrollándose en el ámbito jurídico?

La RAE define *consejero* como «persona que aconseja o sirve para aconsejar». Para aconsejar, por definición, hay que dominar una materia, y para dominarla hay que haber experimentado presencialmente en aquella área o disciplina sobre la que vamos a asesorar. Siento y lamento dudar de que un economista pueda asesorar a un director con veinticinco años de experiencia o a un profesor que lleve media vida en un aula. Es innegable que estos perfiles de economistas o empresarios marcarán una tendencia de tinte económico en los centros educativos. Pero los colegios no equivalen a empresas ni a lugares de actividades económicas, sino todo lo contrario: son y deben ser ajenos al concepto mercantilista de los beneficios económicos. Los centros educativos han de marcar una tendencia de naturaleza social que abogue por los recursos humanos a largo plazo. Los colegios, institutos y universidades son otra realidad, afortunadamente. De momento.

La razón de mi desconfianza hacia los consejeros es doble: por un lado, no es un proceso transparente; por otro, este transmite una realidad de puertas giratorias y de amiguismo. ¿Cómo se solucionaría este grave problema? De una sencilla manera: mediante el establecimiento de oposiciones para ocupar los puestos de consejeros. En ese caso, se deberían establecer unos criterios de antigüedad en el cuerpo, méritos de trabajo y aptitudes. De esta manera, no se adjudicarían puestos marcados por la orientación de tu partido. Tu función sería asesorar de la manera más adecuada según tu experiencia, conocimientos y trayectoria profesional a tus iguales laborales.

Al mismo tiempo, ¿el hecho de ser profesor te habilita para ser un buen consejero? La respuesta es dudosa, debido a que conocer la realidad educativa no necesariamente te dota de las cualidades para ser la cabeza visible de toda una comunidad. Dicho esto, debo posicionarme y afirmar que siempre preferiré antes a alguien cercano a los centros educativos que a una persona con un perfil ajeno a la educación.

Estos datos son la prueba de una tendencia por desprestigiar y darle menos valor a la figura del profesor por parte de algunas administraciones públicas. Si cualquier profesional puede asumir una consejería de Educación, cualquier persona puede ser profesor. Esta es la prueba más flagrante de desprecio político a los colectivos de trabajadores. Las consejerías de Educación de algunas comunidades autónomas son el fiel reflejo de una falta de rigor por potenciar estas áreas. El mensaje que se lanza al situar a personas de confianza en tan jugosos puestos es que la consejería piensa que cualquier licenciado o diplomado puede ser la guía de los colegios, de los equipos directivos y de los profesores. Es preocupante y triste que se transmita que la consejería de Educación es «asequible» y «asumible» por cualquier sujeto con un título universitario. La parte más negativa es que este mensaje cala en la gente. Hace unos meses, le conté esta reflexión a una persona cercana. La respuesta que me dio fue que, para ser consejero de Economía, hay que saber. El negativo de la foto es que, para ser consejero de Educación, no hace falta saber de esta materia.

Es injusto, por otro lado, que un profesor deba aprobar un concurso-oposición para acceder a un puesto de trabajo. En cambio, la cúspide de la pirámide organizativa es nombrada sin tener que pasar, ni tan siquiera, por una promoción interna y según unos criterios de idoneidad que solo el que designa conoce.

¿Es tan descabellado establecer designaciones de los consejeros por oposición?

¿No serán los directores los perfiles más idóneos para asumir tales competencias?

LA COPIA DE OTROS MODELOS EDUCATIVOS

Es recurrente en nuestro país que, de manera regular y cíclica, aparezcan en los medios de comunicación referencias a métodos de enseñanza que deben ser clonados y aplicados en nuestro sistema debido a su éxito educativo.

¿Quién no ha oído hablar del método finlandés o del milagro canadiense?

Nuestro deber como profesionales de la docencia es el de crear metodologías novedosas, establecer estrategias propias y comprobar *in situ* si generan un impacto en nuestro sistema educativo.

¿Un modelo aplicado en otro lugar al de su creación puede insertarse de forma exitosa?

Según mi opinión, es complicado, especialmente si las variables sociales y económicas son muy diferentes entre ambos países. Si tratamos de establecer un modelo educativo con un simple «corta y pega», los resultados serán, cuando menos, cuestionables y limitados.

Para argumentar mi posición, pondré el ejemplo de BiciMAD, una iniciativa del Ayuntamiento de Madrid que trata de fomentar el uso de las bicicletas en la capital. Según la web oficial, su objetivo «es proporcionar un elemento alternativo de transporte limpio y saludable al ciudadano y fomentar el uso de la bicicleta en la ciudad». [12]

Básicamente, y como ideal de este proyecto, se trata de instaurar un modelo de ciudad ciclista, ecológica y sostenible similar a Ámsterdam, Copenhague o Burdeos. La propuesta puede ser admirable pero nada realista, debido a que, si tratas de implantar un formato a otro lugar con diferencias cuantitativas y cualitativas importantes, el éxito de la primera se convierte en el fracaso de la segunda.

Mientas que Ámsterdam dispone de 500 kilómetros de carriles bici dentro de la ciudad, Madrid solo cuenta con 146 kilómetros; la mayor parte, en el anillo de la M-40, muy alejado de los principales centros laborales de la capital. Si dentro de la ciudad no existen carriles bici y las personas deben asumir unos riesgos más allá de lo razonable, la propuesta está abocada al fracaso desde los primeros momentos de su gestación. Las diferencias culturales, arquitectónicas y sociales pueden llevar al declive cualquier copia de modelos.

¿Es aplicable un modelo de transporte ciclista en las ciudades españolas? Es probable que, en las circunstancias actuales, no. Resulta más viable buscar propuestas medioambientales que sean más afines a la idiosincrasia del tipo de ciudad española. La principal característica de las grandes urbes españolas, como Madrid, Barcelona o Valencia, es que disponen de un amplio parque de vehículos de motor y una escasa cultura del uso de la bicicleta como medio de transporte. Por esta razón, ciudades como Barcelona han optado por aplicar modelos de respeto al medioambiente centrados en el coche eléctrico, iniciando un programa llamado «Energía Barcelona» [13]. ¿*A priori* puede llegar a buen puerto? Es probable que sí, ya que se adapta y se ajusta a las características de nuestro modelo urbanístico y cultural.

Con el modelo finlandés o cualquier otra metodología educativa nos puede pasar lo mismo. En caso de que un formato educativo extranjero resulte atractivo para nuestro modelo de educación, es necesario analizarlo y reservarnos aquellas variables que sí pueden mimetizarse con nuestra propuesta de acción educativa, social y cultural. Si hacemos esta racionalización de los recursos, los resultados pueden ser altamente gratificantes.

En nuestro país existen enormes proyectos de innovación educativa que podemos y debemos implantar en nuestros centros. Para tratar de llegar a todos los destinatarios se precisa de difusión, y el CNIIE realiza una fabulosa labor de centralización de las más variadas actuaciones. Los CRIF, CTIF, los centros de formación y las diferentes jornadas de innovación educativa que numerosas organizaciones emprenden y que pueblan la agenda de acontecimientos que se suceden en nuestra geografía, aumentan la esperanza de que un modelo español trate de ser copiado en cualquier sistema educativo del mundo.

Con estas palabras, animo a que los profesionales de la educación inventen y elaboren métodos y formas de enseñar propias, ajustadas a nuestra manera de ser, de enseñar y de actuar. Construyamos un sistema educativo que torne la situación y que haga de España el referente de la educación a nivel europeo y mundial.

EL INFORME PISA

Durante los últimos años, el informe PISA ha sido determinante para establecer el peso educativo que tiene la educación española respecto al resto de países evaluados. Estableciendo una analogía, el informe PISA sería nuestro termómetro educativo. Es digna de valorar la importancia que se le ha otorgado y que hemos depositado en esta herramienta como uno de los máximos indicadores de evaluación. Siempre me he preguntado por qué no se realiza una encuesta estatal al profesorado para evaluar la calidad de los resultados de su alumnado y observar la correlación entre el informe PISA y la valoración de los docentes. *A priori*, mejor que sus profesores, nadie va a poder evaluar a esos alumnos. Esta frase no es una bravuconada ni un ejercicio de camaradería hacia el profesorado. Es un hecho que un tutor sabe identificar en qué momento del desarrollo está un niño, cuáles son sus carencias y sus virtudes educativas. La razón es que pasamos años con ellos y vemos su evolución y su capacidad. Discúlpenme si dudo de que una prueba aplicada en unas horas pueda mejorar la precisión de un profesor.

No tengo interés en valorar la idoneidad de esta prueba, pese a que existe un núcleo de profesionales que critican abiertamente esta evaluación [14] [15].

He de reconocer que nunca atendí a los informes PISA ni me leí sus conclusiones ni resultados. Mi único contacto con el informe se centraba en la lectura de los titulares de los periódicos y en las noticias de los informativos de la televisión que abordaban su análisis. Años más tarde, analicé a fondo los resultados. Al compararlos, observé unos datos que distaban de las conclusiones que los medios les habían otorgado. De hecho, considero que los resultados obtenidos en los informes de los años 2012 y 2015 han sido utilizados de manera partidista y sesgada por los medios, los organismos públicos y las instituciones.

Para apoyar mi valoración, debemos retroceder al año 2012 y analizar los diferentes titulares de los medios de comunicación en relación con las conclusiones de las pruebas.

El País: «España repite curso».[16]

El Mundo: «España sigue anclada a la cola de la UE en educación».[17]

ABC: «España, a la cola de alumnos excelentes entre los países de su entorno».[18]

Todas las personas que leyeron estos artículos, incluido yo, se formarían en su mente la idea de una situación crítica de la educación española y del negro devenir de nuestro sistema educativo. Yo fui uno de aquellos ciudadanos que valoró negativamente el resultado, en particular de la lectoescritura en nuestro país.

Afortunadamente para la esperanza nacional, y con la instauración de la LOMCE en 2014 por el Partido Popular, los resultados del año 2015 marcaron un punto de inflexión con una mejoría en los resultados y una resurrección en la lectura y en la escritura que fue alentada y amplificada por los medios de comunicación.

Los estamentos responsables de toda índole política se volcaron con los resultados y escribieron artículos pintados con un tinte esperanzador, volviendo a insuflar optimismo a toda la comunidad educativa. Una buena noticia en plena época de crisis financiera y social.

Cuando comencé a escribir mi método de lectoescritura y ortografía, y dado que la situación y el trato hacia la lectoescritura no llegaban a convencerme, decidí analizar de una manera objetiva los resultados de los años 2012 y 2015, tratando de olvidarme de las conclusiones elaboradas por los medios. Debo reconocer que asumí como ciertos los análisis de los medios sin plantearme la veracidad de los mismos.

Mi análisis comenzó con la prueba del año 2012 del área de lectura. En primer lugar, atendí al hecho de que existían dos bloques comparativos: la media de la UE y la de la OCDE.

Observar el puesto de España respecto a la media europea me supuso el primer choque contra la visión pesimista de los medios. España solo quedaba un punto por debajo de la media de los países de la Unión Europea (489 contra 488). La duda que me asaltó fue si estos resultados eran tan negativos como se había tratado de transmitir a la sociedad española. Nunca he considerado que estar en la media de un indicador sea un dato negativo. Es cierto que es mejor situarse por encima de la media que por debajo, pero no es comparable a los calificativos usados. Si te sitúas en la media, no te pueden colocar en las últimas posiciones, como afirmaba *El País* tres años antes. Si el periódico aludía a otra área evaluativa, como la de matemáticas, debería haberlo precisado y no buscar el titular polémico y alarmista. Estar en la media aritmética no es un mal resultado. Mejorable, sí. Malo, en ningún caso.

Es cierto que, si los comparamos con los resultados de la OCDE (Organización para la Cooperación y el Desarrollo Económico), existe una mayor diferencia. Sin embargo, el informe PISA ha sido criticado porque hay divergencias entre los ítems evaluados en los países por la propia OCDE.

Svend Kreiner, profesor de la Universidad de Copenhague, argumenta que «las comparaciones entre países no tienen sentido». Kreiner afirma que

> [...] no he sido capaz de encontrar dos ítems en los test de PISA que funcionen exactamente de la misma manera en países diferentes. No hay un solo ítem que sea igual en los 56 países participantes. Por lo tanto, no se puede utilizar este modelo.[19]

Pese a que se valoran los resultados de los países de la OCDE, considero que nuestro referente comparativo debe ser la UE, ya que es nuestro marco educativo más cercano y, en definitiva, nuestro foco de aproximación.

Después de analizar los resultados del año 2012, me centré en los obtenidos por el informe PISA tres años después. Los datos del año 2015 supusieron un segundo golpe de realidad y de decepción, que provocaron que me reafirmara en la idea de que la interpretación puede ser pintada del color que más nos interese.

En el año 2015, la puntuación de nuestro país se colocaba dos puntos por encima de la media europea en el área de Lectura. Si lo analizamos, no es que fuera un cambio significativo en las calificaciones. En el 2012, un punto por debajo y, en el 2015, dos puntos por encima. Por supuesto, mejor que el trienio anterior, pero, en resumidas cuentas, España seguía en la media europea. ¿Los periódicos volvieron a adoptar un velo negro sobre la realidad de la educación española? La respuesta es no. En realidad, los mismos medios crearon una imagen de resurrección de todo el sistema educativo. En esta ocasión, se usaron los siguientes términos: *mejora, alcanza, supera* y *sube.*

Me resulta enigmático cómo puede variar tanto, en términos de fracaso o de éxito, el estar cerca de la media europea. Un punto por debajo es catastrófico y dos puntos por encima es un éxito nacional y, por consiguiente, un éxito de las políticas educativas.

Por supuesto que prefiero la situación del año 2015. No quiero dudar de que estos resultados sean mejores que los anteriores; sin embargo, mi análisis de los resultados me hizo preguntarme por qué cambió tanto la percepción de los resultados. ¿Sería para utilizar el informe PISA como motor de las políticas educativas nacionales?

Julio Carabaña, sociólogo educativo, publicó la investigación *La inutilidad de PISA para las escuelas.* Este autor afirma que el informe PISA sirve para «llevar las políticas educativas en una dirección determinada».[20]

Rebobinemos. El Partido Popular inicia los trámites de la LOMCE. Después de meses de desarrollo, la nueva ley comienza a aplicarse en el año 2014 en los cursos impares (1.º, 3.º y 5.º de primaria) y, en el 2015, en los cursos pares (2.º, 4.º y 6.º de primaria).

¿Pudo deberse el cambio de percepción hacia los resultados del 2015 a una estrategia para que la sociedad aceptara y asociara la LOMCE a la nueva bonanza educativa? Si esta cuestión es correcta, la jugada es maestra por partida doble.

1. La LOMCE comienza con una aureola de éxito en su primer año de aplicación.
2. La LOMCE no es la causa de los buenos resultados; en su caso, sería de la LOE, ya que, como recogió *El País*, «se debe esperar a que las medidas adoptadas previamente tengan sus consecuencias, por ello, ahora vemos los efectos positivos de la LOE y dentro de unos años veremos los resultados de la LOMCE».[21]

Considero que se recondujeron los resultados hacia el lado que más convenía a los intereses del partido que había derogado la anterior ley y había aprobado una nueva legislación. No seré yo el que valore la calidad de la misma. Solo quiero dejar claro que la educación tiene los días contados si no existe un pacto de Estado por la educación.

Cuando analicé los resultados del informe PISA y establecí las conclusiones que os he transmitido, decidí rastrear la web y localizar personas que hubieran llegado a las mismas conclusiones que yo. Conseguí encontrar a un compañero. Jesús Cuadrado afirma que «los datos de 2012, con una puntuación media de las materias evaluadas de 489 puntos, eran un "varapalo para España", pero los de 2015, con 492, nos emparejarían con los países más avanzados. Tres puntos hacen el milagro».[22]

Al llegar el año 2018, se volvió a realizar un nuevo estudio. Esta tanda fue todavía más polémica debido a acusaciones sobre los resultados, deficiencias en la aplicación de los resultados, alumnos no incluidos en los resultados finales o bloqueos en la difusión de los datos. Un cúmulo de situaciones que me provocaron una sensación de precariedad en los resultados. Esta vez, y para no condicionar mi juicio sobre la prueba, decidí no revisar los titulares de los medios de comunicación. En el informe del 2018, los resultados de la prueba de lectura fueron los siguientes: la media de la OCDE fue de 487, la media de la UE fue de 489 y la media de España fue de 477. Vamos a analizar estos datos de manera objetiva. En esta ocasión, no podemos obviar que la diferencia de 12 puntos sobre la media europea es muy significativa. Ya no hablamos de pequeñas variaciones en torno a la media de otras ediciones. Hablamos de un desplome vertiginoso respecto al año 2015, he incluso de 2012. ¿Cómo podemos explicar este desfase entre los datos?

Sin ser un experto, voy a presentar varios posibles escenarios para entender esta situación.

1.º La LOE, publicada en 2006, comienza a dar muestras de sus consecuencias sobre la lectura. Sin embargo, en el año 2012, la prueba PISA no mostraba unos resultados tan negativos como un lustro después.

2.º La LOMCE, ley educativa que modificaba la anterior, comenzó a aplicarse entre los cursos 2014 y 2015. ¿Podría haber mejorado, en tan poco tiempo, los resultados del 2015 frente a los del 2012? No creo. ¿Podría haber empeorado, en tan poco tiempo, los resultados del 2018 frente a los del 2015? No lo sé, pero parece que tuvo suficiente bagaje temporal para incidir sobre la lectoescritura en este país.

LOE (2006-2013)	PISA 2012 (-1 punto media UE)
	PISA 2015 (+2 puntos media UE)
LOMCE (2013-2020)	PISA 2018 (-12 puntos media UE)

3.º Es posible que haya múltiples aspectos que incidan sobre los resultados PISA: la formación del profesorado, el valor que como sociedad demos a la formación de nuestros niños, la falta de acuerdos sobre materia educativa o los nuevos hábitos de las sucesivas generaciones.

Es muy complicado buscar factores causales sobre los resultados. Pese a todo, en lugar de buscar de manera consensuada las mejores formas de revertir esta tendencia y buscar y valorar las mejores metodologías sobre la lectoescritura, la sociedad sufre el llamado «*shock* PISA». Este proceso nos hace buscar fantasmas que argumenten cómo hemos podido llegar a esta situación: la prueba no se aplicó bien, el examen no estaba bien graduado o surgieron comportamientos «inverosímiles» en las respuestas de los alumnos.

Creo que el informe PISA sirve para darnos cuenta de un aspecto importante: la dejadez política por coger la misma autopista educativa. Es esencial que los políticos se embarquen en el mismo barco y dejen las disputas políticas.

Una enorme incongruencia sobre la lectoescritura es la propia consideración sobre la etapa de educación infantil. Parece difícil de entender que una nueva ley educativa como la LOMCE no incorpore esta etapa en la redacción del texto. Podría ser que la LOE presentara un buen diseño sobre esta etapa educativa y no desearan tocarla. Pese a todo, hubiera sido más adecuada su incorporación como una parte esencial del nuevo marco regular de la educación nacional. Da la idea de que esta etapa no debe ser incluida y transmite una sensación de segunda categoría educativa. Sin embargo, algunas comunidades, como Madrid, incorporan la lectoescritura como un objetivo obligatorio de etapa. Es importante que los estudios sobre los requisitos lectores, que, además de estimular, son preventivos, se apliquen desde este periodo, pero sin presionar sobre el alumnado y sin la obligatoriedad de aprender a leer en infantil. Echo en falta que la LOE o las sucesivas leyes incorporen los prerrequisitos lectores como objetivos de etapa.

EL EMPODERAMIENTO DEL PROFESORADO

¿En qué consiste empoderar? La mejor manera de definir este concepto es como el hecho de dar poder a algo o a alguien. En los últimos años, se generó un debate sobre la necesidad de otorgar un plus de autoridad al profesorado, equiparándolo a cuerpos como el de los policías o los jueces. Es un paso positivo, pero se reduce a una simple protección jurídica. El hecho de empoderar al profesorado implica dotarlo de una fuerza de toma de decisiones. Para defender mis argumentos, quiero presentar algunas reflexiones sobre la necesidad de darle valor a la figura docente.

La primera ya fue expuesta en páginas anteriores. ¿Cómo es posible que personas ajenas a la educación sean los faros del gremio docente? Algunos compañeros me indican que, si las unidades de Gobierno no se rodean de sus equipos de trabajo, no serán capaces de llevar a cabo sus programas electorales. Si es un puesto decorativo sin valor, estamos pagando una nómina a una persona que no es capaz de tomar decisiones meditadas, ya que no presenta una experiencia que la respalde.

Otro hecho significativo que ilustra mi postulado ocurrió el 6 de noviembre del año 2018, simultáneamente al desarrollo del foro «Educar para el siglo XXI», un evento impulsado por el Ministerio de Educación que, según sus propias palabras, sería un espacio «de debate y reflexión acerca de la profesión docente».[23] Minutos después de iniciarse el foro, comenzó un ataque virtual de profesores cuando se dieron cuenta de que solo había una profesora entre todo el elenco de participantes. ¿Cómo es posible que en un foro de educación solo haya un profesor entre los ponentes? ¿Puede ser porque la sociedad e incluso el Ministerio de Educación consideren a los profesores un puesto profesional de segunda? El foro reunía a expertos para abordar los desafíos de la educación de este siglo. Ningún profesor protagonista, salvo una persona. Este hecho me transmite que, para las altas instancias educativas, los profesores son un gremio en el que no hay expertos. Después de meditar sobre esta situación generada, me hice la siguiente pregunta: ¿sería para que ningún profesor criticara en público y mostrara las deficiencias de un sistema sobre el que llevamos años mostrando desacuerdos los profesores?

En los medios de comunicación encontramos situaciones de ocultación de la opinión de los profesores en asuntos tan delicados sobre la educación. El día 11 de noviembre del 2018, el periódico *ABC* lanzó un artículo a doble página titulado «Dime cuánto lees y te diré cómo escribes».[24] En dicho artículo, se respondía a varias preguntas sobre el descenso de la calidad de la escritura y de la lectura de nuestros jóvenes. Dicho texto venía generado por el elevado número de plazas desiertas en las anteriores oposiciones a profesores de secundaria. En el mismo, se hablaba de varios frentes causales y, entre ellos, se encontraba el descenso en la calidad de la educación. Nueve expertos mostraban su punto de vista sobre el tema y valoraban su pensamiento general sobre la cuestión. Entre esas nueve personas, había cuatro editores, tres escritores y dos académicos de la RAE. Ningún profesor. Ningún docente pudo transmitir su conocimiento sobre la situación de la escuela española. ¿Y por qué? Solo se me ocurre que porque no les pareció importante su opinión y su visión sobre una realidad concreta de la educación. Por supuesto que no quiero transmitir la idea de que esas personas no eran válidas ni sus aportaciones adecuadas. Al contrario. Muchas de sus reflexiones son acertadas y muy valiosas. Pero tres editores de libros y ningún profesor. Tal vez no querían oír lo que un docente podría decir sobre la educación en España. ¿De verdad que un editor puede dar una opinión sobre la enseñanza de la lectoescritura más acertada que un profesor? Otra muestra más de la falta de empoderamiento de los profesores de esta nación. En la Universidad Complutense de

Madrid se imparte un máster con un título de Experto en Lectura y Escritura. ¿No había nadie disponible para dar su visión de la realidad?

En este artículo se resumían los problemas de lectoescritura provocados por dos causas: la falta de lectura y las nuevas tecnologías. Desde mi percepción, ambas limitadas y estereotipadas. Respuestas que, de tanto repetirse, generan un poso de creencia que engatusa a los profesores, a las familias y a la sociedad.

1. La falta de hábito lector

En relación con esta posible causa, es cierto que el hecho de leer provocará que el lector vea un mayor número de palabras y comenzará a memorizarlas correctamente. Sin embargo, como veremos más adelante, el principal indicador de ausencia de faltas de ortografía es la memoria visual, que marca la capacidad que tenemos los individuos para recordar estímulos visuales. A mayor memoria visual, menor número de faltas de ortografía. Pero ¿qué ocurre si no dotamos de herramientas para resolver las faltas? La respuesta es que los niños fijarán muchas palabras con errores en su almacén visual. Además, no todas las palabras serán leídas antes de que las escriba una persona por primera vez y las haya podido ver escritas correctamente. La metodología preventiva, como la que os ofreceré, será la causante de que no haya faltas de ortografía. Para finalizar, deseo reivindicar la presencia constante del diccionario, acompañando al alumno en toda su vida escolar.

Es importante que podamos desmantelar viejas ideas preconcebidas, mantenidas por años de tradición y perpetuadas por los medios de comunicación y la propia sociedad. Tenemos tendencia a pensar que, al leer, el sistema visual tendrá tiempo para memorizar la palabra y comenzar a crear una huella en el lexicón. Analicemos el proceso de entrada visual. La media de palabras leídas por minuto es de 250 cada 60 segundos. Una simple división nos establece que una persona lee unas 4 palabras por segundo. Un tiempo escaso en el que la atención visual debería analizar todos los grafemas para establecer una imagen. El sistema lector, paralelamente, debe analizar la estructura sintáctica, recuperar el significado de la palabra, comparar la oración con nuestra historia personal para crear una opinión o hipótesis, etc. Respetando la importancia de la lectura, considero que la escritura es la principal herramienta para la correcta fijación visual de una palabra. Al ser escrita, debemos realizar un análisis de los fonemas, elegir los grafemas, colocarnos en orden, resolver las dudas ortográficas y fijarnos durante varios segundos en sus letras. La atención es plena sobre ella y los recursos se centran de manera clara y estable en la ortografía. Ferroni, Mena y Diuk afirman que la escritura «constituye un mecanismo con mayor impacto que la lectura en este tipo de aprendizaje».[25]

2. Las nuevas tecnologías

Cuando hablamos de nuevas tecnologías relacionadas con la educación, se forman dos concepciones antagonistas. La positiva se centra en las posibilidades de mejora de los resultados académicos y de las múltiples variables metodológicas que se crean. La negativa atañe al mal uso que afecta a áreas como el lenguaje y la escritura. Quiero hacer un ejercicio de comparación. Volvamos a mi época de estudiante. Los compañeros de clase nos pasábamos notas, nos escribíamos en los cuadernos o redactábamos textos sobre actividades que íbamos a realizar. Todo en formato analógico: el papel. En aquellas manifestaciones escritas, las faltas de ortografía podrían aparecer sin ningún género de duda. Avancemos treinta años.

Un grupo de compañeros chatean a través de cualquier aplicación de redes sociales. Notas, confidencias, bromas... Igual que tres décadas atrás en el tiempo. Con una esencial salvedad: las nuevas tecnologías autocorrigen las palabras mal escritas. ¿Y qué necesitamos para ello? Marcar esta opción en nuestros móviles y ordenadores. Esta autocorrección evita la escritura incorrecta pese a las faltas que puedan cometer los jóvenes. Al ser enmendado el error por el sistema, la correcta forma escrita que ve el niño se almacenará en el lexicón o memoria visual. Escribamos una notita en un papel o en un chat, las faltas aparecerán. Lo que debemos transmitir a las nuevas generaciones es la belleza de lo correcto, tanto escrito como hablado. Para reforzar mi idea de la independencia de los medios digitales en la ortografía, recurriré a un estudio francés del año 2014 que concluyó que los alumnos no modifican su nivel de competencia ortográfica pese al uso de las nuevas tecnologías [26].

No debemos olvidar que las edades de adquisición de un móvil se sitúan entre los 10 y los 15 años de edad. Dejadme poner en duda que, si el niño escribe mal a estas edades, esto sea provocado por las nuevas tecnologías. Ese adolescente ya escribiría con faltas antes de poder enviar su primer mensaje.

Estas conclusiones hubieran sido mi contribución al artículo del *ABC* si se me hubiera consultado. Disculpadme. A los profesores no nos llaman.

2. Los predictores del futuro éxito lector

La bibliografía tradicional que versa sobre la lectoescritura y sus trastornos de desarrollo ha defendido una serie de aspectos que son capaces de predecir, estimular y corregir la lectoescritura. Esta tradición ha provocado que en las escuelas y en los hogares se hayan realizado múltiples actuaciones que no han provocado un efecto real en el desarrollo correcto de la lectoescritura. Se han transmitido una serie de variables como causantes de que el niño no lograra obtener un futuro éxito lector en su desarrollo. En las próximas páginas voy a tratar de analizar las principales variables históricas de intervención y desarrollo y mostrar que, aunque valiosas para los niños, no generan ni predicen de manera real hasta dónde llegará cada lector. Estas variables han estado y siguen presentes en las escuelas, tanto como enseñanzas prioritarias de prevención de la lectoescritura como de intervención directa sobre trastornos lectores, y se han realizado en los hogares por recomendación de los tutores. En este capítulo, deseo mostrar la variable más importante para el desarrollo lector de nuestros alumnos e hijos: la conciencia fonológica. He ido dando pinceladas sobre esta capacidad en páginas anteriores. Ya habrá tiempo para profundizar en ella más a fondo. Iremos creando una expectativa en el lector que revelaremos más adelante.

Los autores clásicos han mostrado que las variables más significativas, que han defendido como predictores lectores, son las siguientes:

1. Los aspectos sensoriales.
2. La inteligencia.
3. El nivel sociocultural.
4. La educación.

LAS CAUSAS TRADICIONALES DEL PROBLEMA LECTOR LOS ASPECTOS SENSORIALES

Históricamente, se ha tratado de enfatizar que todo lo relacionado con la estimulación de las ventanas sensoriales es la causa de que los alumnos no logren triunfar en esta capacidad. Esto no es del todo cierto: los aspectos sensoriales interfieren en el acceso, aunque no pronostican cómo leerá esa persona. Para demostrarlo, volveremos a retomar estudios de hace más de tres décadas que demuestran estos postulados.

Vellutino comprobó, con sus trabajos realizados en la Universidad de Chicago, que, sin ningún tipo de duda, los niños con problemas de lectura no tienen dificultades de percepción ni visoespaciales.[27]

Por su parte, Ellis, en 1981, sacó a relucir que los lectores menos competentes no presentaban dificultades de percepción visual ni de organización de la información.[28]

Inizan (1989) y Jiménez y Artiles (1990) establecieron que los aspectos visoperceptivos y psicomotrices tienen un valor predictivo casi nulo.[29 30]

Es cierto que una persona con algún tipo de déficit sensorial, como ceguera o sordera, tendrá problemas para acceder a la información, pero podrá usar otros canales que le posibiliten manejar textos escritos. Las personas con deficiencia visual son capaces de leer a través del método Braille, pudiendo alcanzar niveles de excelencia en esta capacidad.

En la escuela actual se sigue valorando que este tipo de aspectos son los más definitorios de la lectoescritura; por ello, realizamos múltiples actividades de estimulación sensorial, que, aunque positivas para todas las áreas del desarrollo, no interfieren en el devenir del aprendizaje lector.

LA INTELIGENCIA

Si consideramos que uno de los mayores problemas de la lectoescritura es la dislexia, debemos descartar que la inteligencia afecte al desarrollo de la lectoescritura; ninguna definición moderna de la dislexia incluye la inteligencia como un factor esencial de la misma.

Entre las definiciones más utilizadas, encontramos la de la Federación Mundial de Neurología, que la define como «un trastorno que se manifiesta como una dificultad para aprender a leer a través de los métodos convencionales de instrucción, a pesar de que exista un nivel normal de inteligencia y adecuadas oportunidades socioculturales».

Existe un amplio consenso que destierra el nivel de CI como predictor del futuro éxito lector. Sin embargo, es obvio que una persona con dificultades en el desarrollo intelectual presentará lagunas en áreas del proceso lector tales como la semántica. Estas dificultades serán similares a las que pueda presentar en la capacidad de comprensión al utilizar el lenguaje oral.

Lonigan, Burgess y Anthony y Barker (1998) argumentan que aquellos alumnos más versátiles a la hora de manipular las unidades silábicas y fonémicas desarrollan antes la lectoescritura, sin interferencias del CI, del nivel socioeconómico familiar o del vocabulario.[31]

El acceso a la lectoescritura puede ser frenado por el nivel de inteligencia, pero no nos permitirá augurar el futuro éxito lector. De igual manera, una persona que sea diagnosticada con un retraso grave del desarrollo intelectual presentará múltiples dificultades de acceso a diferentes habilidades, capacidades o potencialidades.

Es sencillo argumentar que la inteligencia puede ayudar al desarrollo de la lectoescritura. Según Carlos Gallego, «un CI elevado no sería estrictamente un prerrequisito, ya que existen niños con trastornos de la lectura y CI elevado, aunque, sin embargo, sea obvio que un CI bajo dificulta el aprendizaje lector».[32]

EL NIVEL SOCIOCULTURAL

El nivel socioeconómico de una familia, región o entorno ha estado relacionado históricamente con las causas del fracaso lector. Este titular puede dar sensación de certeza y es innegable la correlación entre el nivel sociocultural y los resultados académicos, pero debemos ser objetivos a la hora de establecer causalidades o correlaciones con la predicción lectora en concreto.

Para distinguir el matiz entre los aspectos económicos y el desarrollo lector, voy a remitirme a tres estudios que establecieron que la mejora en lectoescritura es posible si aplicamos programas de intervención, incluso en contextos deprimidos, social y económicamente.

El primer estudio fue desarrollado por Kaplan y Walpole en el año 2005. Estos autores demostraron la relación que existe entre la clase socioeconómica de una familia y el desarrollo en lectoescritura. El matiz diferenciador es que aquellos niños que recibían un programa en conciencia fonológica eliminaban esa relación y lograban un desarrollo normalizado en lectoescritura.[33]

El segundo grupo de estudios, realizados por Nancollis, Lawrei y Dood en 2005 y por Justice, Chow, Capellini, Flanigan y Colton en 2003, logró afirmar que las diferencias en lectoescritura se reducían respecto a familias de nivel socioeconómico medio o medio alto, siempre que se aplicaran programas de entrenamiento en conciencia fonológica.[34][35]

Estos datos nos iluminan sobre dos aspectos que debemos valorar como futuros ejes de nuestra acción educativa:

— La incorporación de programas de conciencia fonológica en el aula y en los hogares mejora las predicciones en lectoescritura.
— La necesidad de prevenir y actuar de manera precoz en el desarrollo lector.

Las investigaciones versadas en la conciencia fonológica han demostrado la enorme influencia que ejercen en la lectoescritura. Sin embargo, no es un término generalizado entre la comunidad escolar. ¿De quién es la culpa de que estos conocimientos no se utilicen en la escuela española? La universidad debería asumir esta deficiencia, ya que deben ser contemplados en los planes de estudio de las carreras de Magisterio, Audición y Lenguaje y Pedagogía Terapéutica. Este hecho se ve ennegrecido cuando sabemos que estos estudios sobre conciencia fonológica se desarrollan desde los años 70, época en la que ya se probaban las relaciones entre esta capacidad y su predicción lectora. Da la sensación de que el trasvase de los estudios de los investigadores hacia las universidades se produce de manera poco eficaz, siendo necesario facilitar y simplificar su transferencia.

La principal interferencia entre el nivel socioeconómico y la lectoescritura puede radicar en aspectos lingüísticos que orbitan alrededor del desarrollo infantil y que se perfilan en tres aspectos en los que podemos actuar y tratar de paliar sus efectos en los niños:

— El uso de códigos lingüísticos elaborados y restringidos en las familias que estimulan, en mayor medida, el sistema verbal y que pueden afectar o potenciar el elemento comprensivo de la lectoescritura.

— El modelaje basado en el ejemplo lector de los padres y que actúa como estimulador del deseo de leer y escribir por parte de nuestros hijos.

— El valor social que la sociedad dé a la lectura como elemento igualador y de desarrollo de la cultura colectiva de un país.

Este libro desea ser una puerta a la aplicación de la conciencia fonológica como un elemento de prevención y de democratización del uso de la palabra escrita.

LA EDUCACIÓN

¿Es posible el desarrollo de la lectoescritura en sociedades con escasos recursos materiales y humanos? La respuesta es afirmativa, ya que el uso de metodologías basadas en la conciencia fonológica va a permitir estimular tanto a aquellos niños con futuros trastornos lectores como al alumnado sin dificultades y logrará la democratización en el acceso al desarrollo de la lectoescritura.

Es cierto que la entrada a la educación será fundamental en la adquisición de herramientas instrumentales para su futuro vital y profesional. Invertir en desarrollar un sistema educativo eficaz debe ser el esfuerzo de todos los agentes educativos de una nación.

De todos modos, la educación no es un prerrequisito para el futuro éxito lector, ya que un elevado número de definiciones de la dislexia indican que este trastorno no depende de la educación recibida por los niños que lo sufren.

La educación —o, mejor dicho, la ausencia de educación— solo puede entenderse como un impedimento al acceso de esta herramienta instrumental y, por tanto, un paralizador de futuras potencialidades del individuo. De hecho, un sujeto privado del acceso al aprendizaje de la lectoescritura nunca podrá adquirir la capacidad para operar con las unidades sonoras del lenguaje. Este hecho, demostrado por Morais, Cary, Alegría y Bertelson en 1979, enfatizó que el aprendizaje de la naturaleza y de la estructura sonora de una lengua debe ser enseñada. Las personas que sufren analfabetismo no descubren espontáneamente esta construcción del sistema escrito y no pueden operar con las unidades segmentales de la lengua oral.[36]

La educación no puede ser considerada un prerrequisito, sino una necesidad de acceso al conocimiento de la lectoescritura. Podemos establecer la misma relación con una persona a la que se le impida la interacción con aparatos electrónicos, como ordenadores, móviles o tabletas. En caso de no permitirles el acceso a las mismas, provocaríamos una indefensión y una incapacidad para la instrumentalización de la herramienta. El niño no sabría qué hacer con estos dispositivos, ya que no se le ha enseñado a dominarlos ni a implementarlos.

Las familias pueden entrenar a sus hijos en sus casas, aunque no acudan a la escuela hasta la llegada de la etapa obligatoria, mediante actividades de silabeo, manipulación silábica, sencillos juegos sonoros y, por supuesto, la lectura de cuentos, poesías y rimas.

En la bibliografía tradicional sobre lectoescritura existe un término usado habitualmente para explicar las causas por las que una persona no adquiere, de una manera normalizada, la lectoescritura: la madurez lectora. Las publicaciones actuales han ido prescindiendo de este término para dar valor a los prerrequisitos lectores. Carlos Gallego, en su discurso «Los prerrequisitos lectores», afirma que el concepto de «madurez lectora» es inviable que se aplique a la lectoescritura por dos motivos: no es un aprendizaje natural y suele asociarse a términos visoperceptivos. Este autor traslada el peso a los prerrequisitos que sí entroncan con la evolución de la lectoescritura, adquisición que responde, como ya escribí anteriormente, a un aprendizaje artificial.[37] En las siguientes páginas desglosaré los tres prerrequisitos más importantes de la lectoescritura.

LA CONCIENCIA FONOLÓGICA

Desde que comencé el libro he dotado de un enorme valor a la conciencia fonológica. ¿Qué poderes reales presenta esta capacidad que adquieren las personas y que es tan desconocida para el gran público? La conciencia fonológica ha supuesto una de las mayores revoluciones en relación con la lectoescritura, aunque continúa siendo una gran desconocida para un amplio espectro de la comunidad educativa y, por supuesto, de las familias. Pese a su ostracismo, muchas de las actividades que se realizan en las aulas actualmente responden a los principios de esta capacidad y que aplicamos de manera inconsciente, aunque sin organización, predisposición o sentido práctico.

Existen múltiples definiciones para la conciencia fonológica. Mi elaboración de la misma es la siguiente: es la capacidad humana para operar con las unidades sonoras del lenguaje oral (palabras, sílabas y fonemas). Estas operaciones básicas se centran en la segmentación, en el conocimiento y en la manipulación de las mismas.

Carmen Allende la define como «una habilidad metalingüística que supone la conciencia de que en el lenguaje existen una serie de secuencias fonológicas que pueden ser descompuestas en secuencias más simples, así como la capacidad para manipular estas secuencias».[38]

Desde el momento del nacimiento, e incluso dentro del útero materno, el sistema auditivo del niño es estimulado por sonidos, ruidos y lenguaje verbal que recibe del entorno. Todas estas experiencias sonoras provocan que su sistema fonológico se vaya desarrollando y lo ayude en sus primeras prácticas con el lenguaje escrito. Según crece, desde los 3 a los 6 años, el mayor grado de especialización del sistema auditivo le permitirá usar, segmentar y controlar unidades del lenguaje oral cada vez más pequeñas. Existe un consenso académico que defiende la presencia de una secuencia universal en el desarrollo de la conciencia fonológica y en sus diferentes fases. Según los estudios de Maldonado y Sebastián (1987), «la capacidad para segmentar sílabas precede a la de segmentar fonemas. La capacidad de segmentación silábica comienza a desarrollarse antes de 2.º de preescolar y la capacidad de segmentación fonémica comienza a desarrollarse a partir de los 5 años».[39]

Las tres habilidades que conforman la conciencia fonológica se basan en reconocer, discriminar y operar con las unidades sonoras del lenguaje.

Según el consenso de muchos investigadores, podemos establecer tres etapas de evolución de esta capacidad:

3-4 años. Conciencia de palabra: el niño comienza a segmentar las palabras. Esta etapa puede ser estimulada jugando a separar las palabras de una frase, palmear las palabras de una oración, etc.

4-5 años. Conciencia silábica: el niño comienza a segmentar las sílabas de una palabra. Las ayudas motoras, tales como palmear, saltar o dar golpes con cada sílaba, le facilitarán esta tarea. Durante esta etapa, realiza la llamada «escritura silábica»: *pelota* es escrita como *eoa*. La razón es la siguiente: si no se puede acceder a segmentar fonemas, el niño deberá escoger un sonido de cada sílaba dividida. La vocal es la favorita, ya que recoge la mayor sonoridad silábica y se puede mantener un flujo constante del aire al pronunciarla.

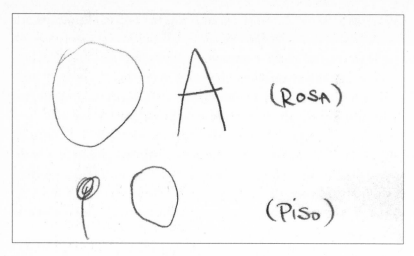

Ejemplo de escritura silábica.

5-6 años. Conciencia fonémica: este punto de la evolución de la lectoescritura se caracteriza por el perfeccionamiento de las capacidades de segmentación. Su sistema es tan preciso que comienza a percibir los sonidos (fonemas) y a poder segmentarlos. Durante esta etapa, las omisiones de las grafías se irán reduciendo según se desarrolle su capacidad de aislar los sonidos. Al final de esta etapa, se establece la escritura alfabética (todos los fonemas son representados por sus grafías correspondientes).

Ejemplo de escritura alfabética.

La segmentación silábica es una cualidad prelectora que surge de manera natural, pero la fonémica debe entrenarse. La capacidad para dividir las palabras en sílabas debe ser potenciada y estimulada, por una parte, porque implica un primer acercamiento a las unidades del lenguaje y, por otra, porque ayuda a los niños a escribir sus primeras palabras.

Como habéis podido comprobar, estas actividades estimuladoras pueden ser incorporadas a las rutinas familiares de juego sin excesivas dificultades.

En la investigación de Wagner, Torgesen, Rashotte, Hecht, Barker, Burgess, Donahue y Garon (1997), se observó que cada momento evolutivo del desarrollo de la lectoescritura se relacionaba con unas operaciones manipulativas concretas sobre los elementos segmentales del lenguaje oral. Conocer las etapas y las posibilidades de cada una de ellas nos permitirá elaborar programas de prevención y de intervención que se ajusten a los momentos del aprendizaje del niño.[40]

El entrenamiento auditivo del niño hacia las unidades sonoras del lenguaje será fundamental en el correcto desarrollo de la lectoescritura. En un sistema como el español, caracterizado por la escrupulosa correspondencia grafema-fonema, el metaconocimiento sobre la naturaleza fonológica y su manipulación real será fundamental en la realización práctica de la lectura y la escritura. La persona que mejor domine el conocimiento y el uso de los fonos será un hábil manipulador de los mismos.

Las tres operaciones que podemos realizar con los sonidos responden a la siguiente graduación de dificultad:

Más fácil ————————————————→ Más difícil

Segmentación   *Reconocimiento en la palabra*   *Síntesis*

Esta diferencia de dificultad en las operaciones fonológicas responde a una de las principales preguntas que se realizan padres y profesores. ¿Por qué un niño escribe antes que lee? La respuesta es que escribir requiere ir segmentando los fonemas y seleccionar los grafemas correspondientes. Esta acción no sobrecarga la memoria de trabajo y es menos exigente en procesos cognitivos. La lectura responde más a procesos de síntesis fonológica. Este proceso requiere ir extrayendo los fonemas de cada grafema, mantenerlos en la memoria de trabajo e integrarlos al final del proceso. Las capacidades del niño quedan saturadas y demandan un mayor desarrollo de la conciencia fonémica.

Escribir	Leer
/s/ /o/ /l/ /o/	*S O L O*
	/s/ /o/ /l/ /o/
	/s/ + /o/ + /l/ + /o/
	SOLO

El hecho de intervenir con programas de desarrollo de la conciencia fonológica permite que la lectoescritura florezca de una manera progresiva, sin sobrecargar al niño de actividades de escritura en sus primeros años, desde los 3 a los 8. Maldonado y Sebastián (1987) afirman que «se puede favorecer (a largo plazo) el aprendizaje de la lectura si este tipo de ejercicios son incluidos en las actividades de preescolar».[41] El hecho de enfatizar las actividades de manipulación de las unidades sonoras del lenguaje, junto con actividades concretas de escritura, provocará un brote en la capacidad de escribir y de leer por parte del niño. Estas conclusiones fueron demostradas en el estudio de Content, Morais, Alegría y Bertelson (1982), en el que afirmaron que los niños son capaces de desarrollar las habilidades del análisis fonémico utilizando actividades lúdicas, pero sin la necesidad de realizar la escritura ni la lectura de manera explícita.[42]

En mi práctica docente, utilizo la asamblea y diferentes momentos de la jornada para trabajar la conciencia fonológica sin realizar excesivos ejercicios de escritura ni de lectura. Dichas actividades son comunicadas a las familias para que puedan ser realizadas en paralelo en sus hogares. La experiencia me ha demostrado que aquellos alumnos que dominan la manipulación de los fonemas y que son capaces de realizar operaciones con ellos son los que comienzan a escribir de manera temprana y espontánea. Solo es necesario que conozcan las letras y sus sonidos desde los 4 años. Desde mi propuesta, defiendo el postulado de Mialaret (1979), que dice que

> [...] es posible aprender a leer más pronto, pero el niño necesitará más tiempo y perderá preciosos momentos que habrían podido ser dedicados a ejercicios más útiles: ejercicios perceptivos de observación, de lenguaje, de expresión gráfica y rítmica. En resumen, se pierde más de lo que se gana.[43]

La sobrecarga de lectoescritura en los primeros años del niño, que coinciden con la etapa de educación infantil, es, inherentemente, desmedida y desproporcionada. No hay una razón de peso para justificar su implantación, salvo como medida de captación de alumnos, como herramienta necesaria para el desarrollo lector de nuestros hijos o como publicidad hacia las familias que desean escolarizar a sus hijos. De hecho, la realización de escritos solo debería realizarse entre los 5 y los 6 años de manera selectiva y puntual. La realidad es que, si el niño ha realizado el entrenamiento en conciencia fonológica entre los 3 y los 5 años, le resultará sencillo y progresivo el salto a la ejecución efectiva de la lectoescritura.

Sin embargo, ¿es real la influencia de la conciencia fonológica como predictor del futuro éxito lector? Existen estudios desde la década de los 70 que establecen esta simbiosis de desarrollo.

En 1985, Tunmer y Nesdale demostraron que, a mejor capacidad en el análisis fonológico, mejor nivel en lectoescritura. En sus estudios encontraron una alta correlación entre ambas variables.[44]

Por su parte, Bradley y Bryan (1983) hallaron una alta correlación entre el entrenamiento en conciencia fonológica y el desarrollo en la lectoescritura.[45]

Catts, Fey, Zhang y Tomblin (2001) demostraron que la medida de la conciencia fonológica es uno de los factores que predicen la futura aparición de trastornos de la lectoescritura en etapas superiores.[46]

Dado el enorme abanico bibliográfico que se ha centrado en la conciencia fonológica y en su repercusión positiva, Bus e Ijzendoord (1999) recopilaron 70 estudios que demostraban que esta capacidad es un predictor de la lectoescritura.[47] En esta misma línea de investigación, Ehri, Nunes, Willows, Schuster, Yaghoub-Zadeh y Shanahan (2001) analizaron 52 escritos sobre la conciencia fonológica y las conclusiones fueron las mismas. La conciencia fonológica incide de manera evidente en el desarrollo de la lectoescritura.[48]

Los siguientes ensayos establecieron que el trabajo en conciencia fonológica mejoraba el aprendizaje de la lectoescritura: Lundberg y cols. (1988); Ball y Blachman (1991); Schneider, Roth y Ennemoser (2000); Defior (2008); Jiménez, Rodrigo, Ortiz y Guzman (1999); Storch y Whitehurst (2002); Arnaiz, Castejón, Ruiz y Guirao (2002); Sprugevica y Hoien (2003); Savage y Carless (2004); Bizama, Arancibia y Sáez (2011), y Bravo (2016).[49 50 51 52 53 54 55 56 57 58 59]

La cantidad de publicaciones sobre este tema es abrumadora y la conclusión siempre discurre en torno al mismo eje: la conciencia fonológica es el predictor con mayor grado de fiabilidad. En esta línea de conclusiones tenemos los estudios de L. Bravo y E. Orellana (1999); de L. Bravo, M. Villalón y E. Orellana (2001), y de M. S. Carrillo y J. Marín (1996).[60 61 62]

Muchos de estos trabajos basan su validez científica en la correlación, que, aunque demuestra la relación entre variables, puede dejar dudas sobre la causalidad del aprendizaje. Sin embargo, cinco estudios completos han demostrado que la conciencia fonológica es causa de la lectoescritura: Jiménez y Ortiz (1995); Jiménez y Venegas (2004); Aguilar, Marchena, Navarro y Menacho (2011); Feld (2014), y Gutiérrez (2017).[63 64 65 66 67]

Tantas investigaciones, dilatadas en el tiempo y en el espacio, parecen no dejar dudas de que la conciencia fonológica es un excelente predictor lector. La manera de darle un mayor grado de validez sería comprobar si las personas con problemas, déficits o trastornos en la lectoescritura presentan problemas con esta capacidad. Existen algunos artículos y obras que han relacionado los trastornos lectores y la conciencia fonológica.

En el primero de ellos, Liberman y Shakweiler (1985) llegaron a afirmar que los lectores menos competentes no se daban cuenta de que las palabras podían segmentarse en fonemas independientes.[68] Por su parte, Goswami y Bryant (1990) identificaron que los disléxicos presentaban un peor rendimiento en tareas que implicaban la actuación de la conciencia fonológica.[69] Por último, Lyon, Shaywitz y Shawitz (2003) descubrieron que las dificultades en la conciencia fonológica se relacionaban con la presencia de trastornos de la lectoescritura.[70]

La importancia de trabajar la conciencia fonológica es tal que hay estudios que afirman que muchos niños disléxicos no llegan a desarrollar habilidades de segmentación sin intervención. De hecho, el ser humano no puede llegar a descubrir la naturaleza fonológica de su lengua, salvo que se presente con una intervención externa.

Por supuesto, y pese a que la conciencia fonológica se debe entrenar para lograr su desarrollo, debemos ser conscientes de que cada persona presenta un nivel de activación de la sensibilidad fonológica que determinará el ritmo de adquisición y la evolución de desarrollo. Los niños que son capaces de dominar las claves fonológicas de manera temprana serán, con toda seguridad, los primeros en adquirir y dominar la lectoescritura.

La conciencia fonológica abre una nueva vía de acceso a la enseñanza de la lectoescritura. Sin embargo, el mayor avance radica en que el acceso se puede realizar sin un excesivo uso de la elaboración de textos desde las primeras etapas. La conciencia fonológica entronca con mi percepción de la lectoescritura, que se define por el deseo de eliminar los aprendizajes tempranos de la lectoescritura en la etapa de educación infantil y en los hogares. Si seguimos esta metodología, solo nos debe interesar el desarrollo de las condiciones previas de la lectoescritura. No debemos buscar metas más altas ni publicitarias. Debemos respetar, cuidar y mimar una de las capacidades más distintivas del ser humano.

Es importante concebir una visión diferente de la lectoescritura, como indica Bravo (2004). Según este autor, la conciencia fonológica puede concebirse como una zona de desarrollo próximo. Esta zona está delimitada por el lenguaje oral del alumno y el dominio de los componentes del lenguaje. Será en este espacio donde la intervención del adulto logre la consecución del dominio de esta conciencia. En palabras de Bravo, «la mediación del maestro le aporta claves para que vaya estableciendo asociaciones dinámicas entre ellos [los elementos sonoros del lenguaje]».[71]

Según esta concepción del desarrollo de la lectoescritura, y basándonos en este autor, la conciencia fonológica sería «el motor de partida» del aprendizaje lector y el profesor constituiría la mecha que permite a este motor recorrer la distancia hasta su total adquisición.[72]

La conciencia fonológica se ha reducido a la pura decodificación lectora por algunos autores, como Etchepareborda (2003). La conciencia solo actuaría en sus aspectos más automáticos y decodificadores, dejando de lado otros procesos lectores, como la comprensión lectora.[73] Se podría criticar que centrarse solo en la conciencia fonológica, descuidando los aspectos comprensivos, sería una mala praxis. Sin embargo, otros investigadores, como Ehri, Nunes, Willows, Schuster, Yaghoub-Zadeh y Shanahan, han demostrado que la conciencia fonológica actúa de manera positiva en los aspectos semánticos de la lectura.[74] Comparto la posición de estos autores, pero no como causa, sino como consecuencia del correcto desarrollo de la conciencia fonológica. Si cualquier sujeto desarrolla unas buenas bases lectoras y accede a una lectura por ruta visual (la más competente y que menos recursos cognitivos utiliza), dejará muchos procesos lectores liberados para facilitar y potenciar la comprensión lectora. Es similar al ejemplo del conductor novel. En las primeras experiencias con un vehículo, solemos eliminar distractores a la hora de realizar acciones complejas, tales como aparcar. Requerimos de todas nuestras capacidades cognitivas para recrear una acción. Años después, seremos capaces de aparcar de manera automática, incluso si estamos cantando una canción o hablando con el copiloto. El cerebro ha quedado liberado de acciones conscientes al ser automatizadas. La lectura por ruta visual es automática. Estamos liberados para desarrollar con mayor eficacia la comprensión lectora.

En la práctica diaria es importante incorporar actividades de escritura, pero sin excedernos. Es vital que las tareas tengan un sentido, estén meditadas y se ajusten al momento evolutivo y personal del alumno. En la siguiente tabla presento un resumen de las tareas de escritura que realizo en la etapa de infantil y que podemos llevar a cabo con nuestros hijos en casa.

Edad	Actividades
3 años	✓ Juegos con su nombre. ✓ Identificación del nombre. ✓ Presentación de las grafías y de sus sonidos.
4 años	✓ Escritura de una palabra en la asamblea por parte del encargado, relacionada con el proyecto trabajado. ✓ Juegos de formar palabras con letras magnéticas. ✓ Juegos con letras: bingos de letras, bingos de palabras y copia de ciertas palabras.
5 años	✓ El diario del fin de semana: cada niño dibuja o escribe un diario sobre su fin de semana. ✓ Elaboración de listas de la compra.

Acostumbrados en la actualidad a una enseñanza temprana de la lectoescritura, trabajar la conciencia fonológica puede generar recelos, ya que se reduce al mínimo la escritura de textos. Solo cuando cumplan 5 años, debemos comenzar a escribir sencillas frases de manera muy escalonada. No se debe obligar a aquellos niños que no lo desean. Puede parecer una contradicción que un niño sin apenas experiencias de escritura pueda llegar a realizar esta práctica. La diferencia con metodologías más precoces es que, al aplicar la conciencia fonológica y el conocimiento de las letras, actuamos sobre la raíz de la enseñanza, sobre el prerrequisito. De ahí la calidad del aprendizaje y la eliminación de la sobrecarga del niño, al evitarle la presión temprana de escribir sin el desarrollo de los prerrequisitos que le permiten la ejecución de esta capacidad.

Para analizar la evolución del alumnado que aprende con un método basado en la conciencia fonológica, desgranaré los pasos que podemos esperar en su desarrollo.

3 AÑOS

El niño comienza la etapa infantil.

1er. trimestre: debemos centrarnos en la adquisición de las rutinas y valorar su periodo de adaptación, siendo sensibles a su integración en el mundo escolar.

2º. trimestre: comenzamos a realizar la asamblea diaria. Debemos tener un abecedario fonético que permita a los niños establecer las correspondencias grafema-fonema. Empezamos a realizar actividades de silabeo diario, pudiendo empezar con el nombre del encargado o el día de la semana. El encargado busca las vocales de su nombre.

En casa:

— Juegos de silabear.

3er. trimestre: seguimos trabajando el silabeo con actividades más complejas, como, por ejemplo, buscar un compañero cuyo nombre contenga el mismo número de sílabas o clasificar estos nombres por el número de sílabas. Seguimos afianzando la asociación grafema-fonema. Durante este trimestre, comenzamos actividades para trabajar la motricidad fina, centrándonos en la pinza digital, paso previo a la escritura de su nombre. Entre las actividades que podemos ofrecerles, encontramos el uso de goteros, pintura con el dedo índice o juegos de coger objetos con pinzas. En todo este año, el alumnado no realiza actividades de escritura.

En casa:

— Veoveo: «Busca algo que empiece por la sílaba pa».
— Juegos educativos de letras.
— Juegos de desarrollo de la pinza digital (pinchitos, rasgar papel, etc.)

4 AÑOS

Continuamos las líneas maestras iniciadas en el curso anterior.

1º. trimestre: comenzamos a incorporar la escritura de palabras globalizadas con el proyecto o unidad trabajados en la asamblea por parte del encargado. Aprovechamos la escritura de la palabra para enseñar la direccionalidad de las grafías y evitar el establecimiento de patrones erróneos en el trazo. Seguimos enseñando las correspondencias grafemas-fonemas. El silabeo se vuelve más complejo al realizar actividades de comparación y de asociación del número de sílabas con la grafía numérica. En la asamblea, comenzamos a realizar manipulación de vocales; por ejemplo: «Si a casa le cambio el fonema /a/ final por el fonema /o/, ¿qué queda?». Podemos comenzar a escribir su nombre o alguna copia de palabras.

En casa:
— Juegos de manipulación silábica.
— Juegos de manipulación vocálica.
— Escritura de su nombre en la arena o con plastilina.

2º. trimestre: en este trimestre podemos comprobar que los niños con un buen conocimiento de las letras y sus sonidos y con un correcto silabeo pueden comenzar a realizar una escritura silábica. Esta escritura se basa en que una letra, normalmente la vocal, representa en la escritura a toda la sílaba (pelota se escribe como eoa).

3er. trimestre: la manipulación silábica debe ser más compleja, con actividades de cambio de sílabas en una palabra; por ejemplo: «Si a casa le cambio la sílaba sa por pa, ¿qué queda?». Seguimos sin presentar actividades de escritura y solo ayudaremos a los que se inician espontáneamente en esta habilidad.

En casa:

—Juegos de manipulación silábica.

5 AÑOS

Debemos valorar que todos nuestros alumnos sean capaces de silabear correctamente como paso previo a la segmentación de fonemas que empezará este curso.

1º. trimestre: incorporamos la actividad de escritura voluntaria llamada la «Noticia del fin de semana», que permite, a aquellos niños que lo deseen, comenzar a escribir alguna frase sobre lo que han realizado durante el fin de semana. Seguimos escribiendo palabras en la asamblea y reforzamos las relaciones entre letras y fonemas. Comenzamos a ejecutar juegos de manipulación fonológica, iniciando con la operación más sencilla y que ya llevamos tiempo aplicando: el cambio de vocales; por ejemplo: «Si a caso le cambio el fonema /o/ final por el fonema /a/, ¿qué queda?». La escritura de su nombre se establece como norma de las actividades del aula.

En casa:

—Juegos de manipulación fonológica (cambio de un fonema por otro).

—Juego del ahorcado.

—Diario del fin de semana.

2º. trimestre: la escritura de la palabra de la asamblea por parte del encargado se sustituye por la escritura de la «noticia del día». Comenzamos la realización de juegos de manipulación de fonemas basados en la sustitución; por ejemplo: «Si a casa le cambio el fonema /s/ por el fonema /p/, ¿qué queda?». Los niños que llegan a este nivel de dominancia de las correspondencias grafemas-fonemas y manipulación de los fonemas de manera efectiva comenzarán a dar el salto de la escritura silábica a la alfabética, ya que son capaces de segmentar e identificar las letras asociadas a esos fonemas (pueden comenzar a escribir pelota con pocas omisiones: peota). La incorporación de las consonantes indica una evolución positiva y acorde al desarrollo de la conciencia fonológica.

— Juegos de manipulación fonológica (cambio de un fonema por otro).
— Escritura de textos reducidos (felicitaciones, listas de la compra, etc.)

3er. trimestre: las omisiones deben reducirse significativamente. Debemos valorar qué alumnos siguen una pauta de desarrollo normalizado, comparando edad cronológica y actuaciones con las sílabas y los fonemas. Algunos de nuestros alumnos finalizarán la etapa de infantil sin omisiones, lo que demuestra que han cerrado la etapa de la conciencia fonémica, quedando solo el perfeccionamiento de esta capacidad. Estos alumnos responden a un perfil caracterizado por el dominio de las letras y la correcta manipulación de los fonemas. El salto se ha producido de manera escalonada, pero sin sobrecostes emocionales ni de trabajo.

1.º DE PRIMARIA

En este inicio de etapa, no todos los niños pueden ni llegarán leyendo o escribiendo. Será a lo largo del curso cuando completen el aprendizaje básico de la lectoescritura casi todos los alumnos.

1º. trimestre: durante este periodo, un elevado número de alumnos habrán cumplido los 6 años. A los niños nacidos entre septiembre y diciembre aún les quedarán unos meses para finalizar la fase de la conciencia fonémica. Este dato implica que aún no han completado este proceso, por lo que es posible que cometan omisiones y procesos de simplificación. Debemos seguir realizando juegos de conciencia fonémica, incorporando los ejercicios de omisión y adición de fonemas, ya que, según algunos autores, son las actividades más difíciles para los niños.

—Juegos de manipulación fonológica (incorporar un fonema a una palabra o eliminación de un fonema).

2º. trimestre: cronológicamente, todos los niños habrán cumplido los 6 años de edad. Han completado la base de la conciencia fonológica. Sin embargo, debemos seguir realizando actividades de manipulación de sonidos de manera constante y regular. Este momento debe hacernos reflexionar sobre la necesidad de controlar a aquellos sujetos que comienzan a separarse y alejarse del avance del resto de los niños. Habrá ya alumnos de 7 años, edad que nos debe dejar configurados los desarrollos normalizados.

—Escritura de textos acordes a las motivaciones de nuestros hijos.

3er. trimestre: aquellos niños que sigan presentando omisiones, dificultades de segmentación tanto silábica como fonémica, deberían ser observados como posibles alumnos a los que realizar un protocolo de intervención. El número de alumnos con dificultades en el acceso a la lectoescritura debe ser mínimo.

Las actividades de conciencia fonémica deben estar gra- duadas en dificultad para poder ser resueltas por los niños. Conocer la graduación nos permitirá avanzar de manera ade- cuada a la evolución de nuestros niños. Esta lista se organiza desde lo más sencillo a lo más complejo.

Aislar un sonido.
    Identificar/categorizar un sonido.
      Sintetizar.
        Segmentar una palabra.
          Eliminar un sonido.
            Añadir un sonido.
              Sustituir un sonido.

Más fácil ⎯⎯⎯⎯⎯⎯⎯⎯⎯⎯⎯⎯⟶ Más difícil

Entre los autores existe el acuerdo de que el uso de mate- rial manipulativo y visual facilita y motiva al niño en la reali- zación de las actividades. Podemos crear o utilizar los mate- riales que ofrecen las numerosas plataformas educativas o los diferentes métodos que existen en el mercado.

El conocer cada una de las etapas del desarrollo de la con- ciencia fonológica permite valorar de una manera significa- tiva los dos principales métodos de enseñanza de la lectoes- critura: el método fonético y el global.

— Métodos fonéticos: permiten el desarrollo de la ruta fonológica. Alegría, Pignot y Morais (1982) demostra- ron que los niños que aprenden mediante métodos fonéticos presentaban mayor capacidad para segmen- tar fonemas que aquellos que usaban el método global.[75] Este enfoque parece perfecto para desarrollar la conciencia fonológica y la manipulación de los sonidos.

— Métodos globales: este enfoque, de arriba hacia abajo, basa su principio en la globalidad y en la significatividad del estímulo. Dehaene encontró una limitación de los métodos globales en las etapas iniciales del aprendizaje lector. Este autor afirma que la completa fijación en la palabra colapsa la memoria de trabajo del niño, provocando que el lector deba utilizar el hemisferio derecho para decodificarla, el cual es menos eficiente en los procesos lectores.[76] Para profundizar en cuál es mejor método para aprender a leer, os recomiendo el magnífico libro de Stalisnas Daehene El cerebro lector, en el que este autor afirma y justifica que los métodos globales no deben ser utilizados en la escuela debido a los perjuicios que provocan. Asimismo, ratifica que «los métodos de enseñanza basados sobre un enfoque de lectura integral son sistemáticamente menos eficientes que los métodos fónicos».[77] Este autor, así como muchos otros, defienden la presencia de la enseñanza fonética para favorecer y mejorar el sistema de lectura de los niños en edad escolar.

Sin embargo, algunos autores, como Fernando Cuetos Vega (1994), afirman que «debemos hacer uso de ambos métodos con objeto de desarrollar ambas rutas de lectura».[78]

En mi práctica educativa uso el enfoque fonético, ya que me permite potenciar el prerrequisito de la conciencia fonológica, vital, como ya hemos demostrado, en el futuro éxito lector. En edades superiores, la lectura global de palabras facilita el perfeccionamiento de la lectoescritura, ya que entronca con un segundo prerrequisito, que afectará de manera capital a la predicción futura de nuestros alumnos. De todos modos, el paso de una palabra a ser leída por una de las dos rutas depende de la repetición escrita y leída de la misma, y no del aprendizaje por un método global. El niño que aprende a decodificar grafemas y fonemas irá formando una unidad mental lexical que le permitirá la lectura global de la palabra tiempo después.

Imaginemos que alternamos el uso de un método global y otro fonético. El alumno será capaz de aprender a decodificar las palabras gracias al entrenamiento fonético. Cuando la repetición y la práctica provoquen que el niño lea las palabras de manera inmediata, creeremos que la metodología global ha provocado ese efecto. Se ha producido una falsa percepción de que el método global ha generado esa rapidez en la lectura. Leemos rápido porque hemos fijado esa palabra en el almacén visual y accedemos a la secuencia sonora completa. Ese proceso de repetición provocó esa lectura visual, pero no fue a causa de los métodos globales.

Es importante que las familias conozcan la metodología que vamos a utilizar y el porqué de tal decisión.

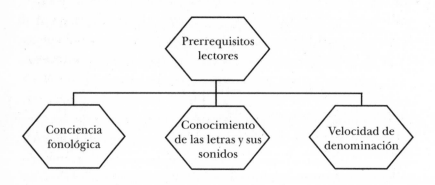

OTROS PREDICTORES DEL FUTURO ÉXITO LECTOR

Sin lugar a dudas, la conciencia fonológica ha sido y es el principal predictor del futuro éxito lector de los niños. Sin embargo, en los últimos años han surgido otras variables que influyen de manera positiva como predictores de la lectoescritura. Estos hallazgos han permitido mejorar la intervención y la prevención lectora. Los otros dos predictores que influyen en el desarrollo de la lectoescritura son los siguientes:

— El conocimiento del nombre de las letras y sus sonidos.
— La velocidad de denominación.

EL CONOCIMIENTO DEL NOMBRE DE LAS LETRAS Y SUS SONIDOS

Catts, Fey, Zhang y Tomblin (2001) y Schatsneider y Colbs (2004) encontraron otro predictor del futuro éxito lector de los niños:[79] [80] el conocimiento del nombre y de los fonemas de las letras. Esta variable se ha demostrado que actúa como un facilitador de esta capacidad. Como su propio nombre indica, es el conocimiento que las personas tenemos sobre el nombre de las letras y su correspondencia grafema-fonema. Si nos ponemos a pensar, resulta hasta obvio e interesante. Si la conciencia fonológica basa su acción en el metaconocimiento de que el habla está compuesta de unidades divisibles de la secuencia sonora, es lógico pensar que conocer las unidades mínimas sonoras desde las etapas iniciales del aprendizaje dará un plus de eficacia al niño en esa conciencia de las palabras y facilitará las tareas de segmentación de las mismas en etapas posteriores. Desde que el niño entra a la escuela podemos idear actividades de conocimiento de las letras e ir enseñando la relación entre las grafías y sus fonemas. En mi práctica diaria utilizo un abecedario fonético en el que cada letra presenta una relación unívoca con su sonido, evitando relaciones menos obvias que las que se han usado tradicionalmente en la escuela española. Un ejemplo: la *p* de *papá* presenta menos valor para el desarrollo fonológico del niño que la relación entre la letra *p* y el sonido de una pompa al estallar.

Para remarcar la importancia de este prerrequisito, citaré a Bravo, Villalón y Orellana, que demostraron que los niños que, al alcanzar el inicio de la escolaridad, habían adquirido un conocimiento de algunas de las letras fueron los que manifestaron una mayor competencia lectora, siempre que presentaran la correspondencia entre grafema y fonema.[81]

Compton añadió a la ecuación que, si a ese conocimiento alfabético se le añadía la capacidad para reconocer el primer sonido de una palabra, el niño tendrá una elevada predicción de éxito.[82]

En el siguiente cuadro os presento los sonidos referenciados a cada grafía.

B/V	AIRE
C/K/Q	GALLINA
D	ZUMBIDO DE UNA MOSCA
F	FANTASMA/MONSTRUO
G	GÁRGARAS SUAVES
H	MUDA
J/G	RISA
CH	CHUPETE
L	CANTANTE DE ÓPERA
M	PLATO SABROSO
N	PENSAR
Ñ	ENFADO
P	BURBUJA QUE EXPLOTA
R	MOTO/VEHÍCULO A MOTOR
S	SILENCIO
T	MARTILLO
W	GÁRGARAS
X	ESPADAS/CUCHILLOS CHOCANDO
Y/LL	PREPARADOS, LISTOS, YAAAAAAA…
Z/C	RONCAR
A	DOLOR
E	LLAMAR LA ATENCIÓN
I	CABALLO
O	PENA
U	LOBO

El uso de este material permite al niño distinguir visualmente que algunas letras presentan similitudes fonológicas. El hecho de que algunas letras compartan el mismo sonido permitirá establecer esta relación desde las primeras etapas. Los mismos dibujos representan el mismo sonido, por lo tanto, estos pares de letras son grafías especiales. Este hecho será vital en el futuro control ortográfico de las producciones escritas de nuestros niños.

Desde los tres años podemos presentárselo en la escuela y en casa, jugar con las letras, escribir las iniciales de sus nombres en arena de playa, formar palabras motivantes para ellos y cualquier actividad que se nos ocurra. Es nuestra responsabilidad elaborar todas las actividades posibles para fomentar el uso y el conocimiento lúdico de las letras del abecedario. Las letras que conforman mi abecedario se dividen en cinco colores y cada día de la semana tiene asociado uno de esos colores. Si, por ejemplo, el lunes es el día rojo, la clase debe buscar las letras de color rojo. Ellos me indican el nombre de la letra y yo les enseño su sonido asociado. Al promocionar a 4 años, el conocimiento de las relaciones grafemas-fonemas es más que evidente y les facilita sus primeras muestras de expresiones escritas.

Para aquellos lectores que consideren que este inicio es demasiado pronto, debemos decir que al niño no se le obliga a realizar ninguna actividad costosa o que no pueda lograr. Solo se enseñan unos estímulos y se facilitan unos sonidos a los niños, los cuales en ningún momento deben producir ni memorizar. La repetición de la actividad a lo largo de los meses provocará un aprendizaje paulatino y libre de presiones. Las producciones escritas no aparecen ni deben aparecer hasta, mínimo, los 5 años de edad.

Si relacionamos este aprendizaje con el desarrollo de la conciencia fonológica, nos daremos cuenta de que aquellos niños que, a partir de los 5 años, sean capaces de segmentar los fonemas de las palabras no presentarán dificultades para trascribirlos a las grafías, debido a que ese aprendizaje comenzó dos años atrás. La segmentación de los fonemas y el conocimiento del nombre y del sonido de las letras confluyen de manera positiva y eficaz a partir de esta edad, y ello continuará hasta que el niño sea capaz de realizar la segmentación de las palabras en sonidos. Un logro que el tutor ya había previsto al inicio de la etapa de educación infantil y que ya informó a las familias en las primeras reuniones de 3 años.

Algunas metodologías promulgan una escritura inicial y precoz del alumnado basado en la premisa de aprender con un sentido. El niño debe escribir para lograr una construcción de ese aprendizaje desde las primeras etapas. Esta manera de enfocar la lectoescritura sí es costosa en tan cortas edades. Debemos buscar maneras y estrategias menos activas, pero más efectivas a largo plazo. La realización de tareas de corte sonoro y unas actividades con las letras, sus nombres y sus sonidos se tornan más esenciales que la escritura de palabras y/o textos desde los 3 años.

LA VELOCIDAD DE DENOMINACIÓN

La velocidad de denominación es la capacidad para nombrar verbalmente estímulos visuales lo más rápidamente posible. Estos estímulos responden a objetos, números, letras o colores.

González, Cuetos, López y Vilar (2017) demostraron la relación entre el desarrollo lector y esta actividad. Estos autores recomendaban que fuera entrenada de una manera precisa, constante y sistemática. La razón es que, en la lectura competente, actúa de una manera activa la velocidad de identificación, ya que discriminamos visualmente la palabra completa, mediante el uso de la ruta visual de lectura. Este camino lector permite leer una palabra de manera visual, sin un análisis fonológico de la misma. El hecho de ser rápidos en esta acción repercutirá en la agilidad y en la velocidad lectora.[83] La principal justificación para defender este prerrequisito es que facilita y ayuda a otros procesos que intervienen en la lectura, favoreciendo la mejoría en la comprensión lectora. Los niños que comienzan a leer realizan una lectura silábica, lenta y eminentemente descodificadora. Todas las capacidades atencionales y procedurales están focalizadas hacia el proceso de conversión grafema-fonema. Es muy habitual que los niños no comprendan el mensaje explícito del texto o que deban releerlo un par de veces. Si, por el contrario, soy capaz de leer una palabra de la misma manera que nombro un estímulo visual, las capacidades de interpretación semántica son liberadas para realizar la función comprensiva del lenguaje escrito. La realización de ejercicios de denominación rápida de estímulos entrenará al niño para ser un rápido lector de imágenes visuales. Las palabras que leemos los adultos son estímulos visuales. La relación es clara.

Los tres prerrequisitos analizados en estas páginas son muy importantes y deben ser trabajados de manera efectiva, constante y sistematizada. Sin embargo, no deben ser iniciados en el mismo momento. De hecho, aquellos alumnos que presentan problemas en más de un prerrequisito serán más sensibles a padecer trastornos más severos de lectoescritura, como ya recogió Wolf (1997). Este autor encontró una relación en la que los lectores con problemas más severos presentaban dificultades en dos prerrequisitos: la conciencia fonológica y la velocidad de denominación.[84]

¿CUÁNDO TRABAJAR CADA UNO DE LOS PRERREQUISITOS?

En la siguiente tabla os presento una aproximación temporal para el inicio y el final de la aplicación de estos prerrequisitos:

PRERREQUISITO	MOMENTO DE APLICACIÓN
CONCIENCIA FONOLÓGICA	DE 3 A 7 AÑOS
CONOCIMIENTO DE LAS LETRAS	DE 3 A 6 AÑOS
VELOCIDAD DE DENOMINACIÓN	DE 5 A 8 AÑOS

La presentación temporal de cada uno de ellos responde a la manera de leer y a la ruta que usamos para realizar la lectura de las palabras. Cualquier persona puede leer por dos rutas:

1. La ruta fonológica: el lector debe realizar la conversión de los grafemas a los fonemas y viceversa. Esta ruta conlleva grandes costes cognitivos, sacrificando otros procesos como la comprensión y un enlentecimiento de la lectura. Es la ruta que usan los niños en sus inicios lectores o adultos con escasa experiencia o bagaje.

2. La ruta visual: consiste en la lectura de una palabra de manera directa y global, sin realizar una conversión de los grafemas a los fonemas. Esta ruta aligera el proceso lector, libera recursos cognitivos y se realiza a una elevada velocidad. Es la aplicada por lectores adultos competentes y experimentados.

Cualquier persona puede alternar entre ambas rutas. Un lector experimentado puede tener que leer una palabra que nunca haya visto, que sea compleja fonológicamente o que sea una pseudopalabra. Por supuesto, los niños, según van aprendiendo a leer, usan indistintamente las dos rutas. Pueden silabear una frase, pero, si en ella está insertado su nombre propio, será leído de manera visual.

Debido a que los niños comienzan a leer usando la ruta fonológica, el desarrollo de la conciencia fonológica y el conocimiento de las letras y sus sonidos serán vitales para potenciar esta ruta y facilitar el avance progresivo a la siguiente ruta, la visual. A partir de los 6 o 7 años, este prerrequisito perderá fuerza y no será tan esencial para su desarrollo. La ruta visual irá adquiriendo mayor peso específico, y el alumno aumentará la velocidad lectora, mejorará la comprensión y permitirá el uso instrumental de la lectoescritura de una manera real y eficaz.

Será a partir de los 5 años cuando podamos realizar actividades de nombrar estímulos a la mayor velocidad posible.

Según Clay y Cazden (1993), la escritura de las primeras palabras les facilitará establecer la entidad de los sonidos de un modo más intenso, desarrollándose de manera más eficiente y más rápida.[85]

El conocimiento de los prerrequisitos es la mejor herramienta para la prevención de la lectoescritura en niños con un desarrollo ajustado a su edad y para aquellos en los que percibamos algún tipo de dificultad en el desarrollo de la lectoescritura. Es importante comenzar el entrenamiento en conciencia fonológica en la etapa de infantil y que se continúe en la etapa superior, debido a que los efectos positivos de esta capacidad se mantienen hasta los seis años después de iniciarse, según los estudios de Byrne, Fielding-Barnsley y Ashey (2000).[86]

Si conocemos los requisitos mínimos que necesitan los niños para aprender a leer, podemos resumir y concretar la base para potenciar el desarrollo de la lectoescritura.

Desde los 3 años y medio hasta los 5 años de edad, es esencial trabajar el silabeo y el conocimiento de las letras, pudiéndonos centrar en las vocales, ya que en la etapa silábica prima la escritura de las vocales. El trabajo de segmentación favorecerá la secuencia temporal de la palabra y el conocimiento vocálico facilitará la trascripción gráfica. A partir de los 5 años, el conocimiento de todas las letras, la segmentación y la manipulación fonémica permitirán a los niños completar los «huecos» u omisiones de su escritura inicial para llegar a la alfabética.

EDAD	PRERREQUISITOS	EFECTOS
De 3 y medio a 5 años	Segmentación y manipulación silábica. Conocimiento de las letras y sus sonidos, remarcando las vocales.	Secuenciación temporal silábica. Estructuración silábica. Iniciación de la escritura silábica. Iniciación a las reglas de conversión grafema-fonema.
De 5 años a 6 años y medio	Segmentación y manipulación fonémica. Conocimiento de las letras y sus sonidos, completando el abecedario.	Secuenciación temporal silábica. Estructuración silábica. Desarrollo de la conciencia fonémica. Cierre de las reglas de conversión grafema-fonema.

UN NUEVO ENFOQUE DE LA ENSEÑANZA DE LA LECTOESCRITURA

Según hemos observado, podemos afirmar que el predictor con mayor incidencia en el futuro lector es la conciencia fonológica. Sin embargo, y como en muchas facetas de la vida, la interconexión de múltiples variables permitirá un desarrollo más óptimo del aprendizaje. Bravo (2004) da mucha importancia al «peso que tienen los procesos visual-ortográficos, la identificación de las letras del alfabeto, la velocidad de denominar y del desarrollo del lenguaje oral». La presencia de los predictores, enumerados anteriormente, amplificará el alcance y la calidad del desarrollo de la lectoescritura.[87]

Las metodologías que se basan en la conciencia fonológica no consideran tan importante la producción física de textos escritos. Las actividades de naturaleza sonora son las que se usan como potenciadores del desarrollo. Si conseguimos implementar este entrenamiento en nuestra práctica educativa, la escritura de los niños se producirá casi espontáneamente.

La conciencia fonológica y el conocimiento de las letras y sus sonidos otorgarán a los niños las herramientas, ayudas y claves para que puedan iniciar la escritura de textos, siempre que el alumno haya encontrado la motivación suficiente para afrontar este reto. Las diferencias sobre otros acercamientos hacia la lectoescritura son las siguientes:

— El niño elige el momento de su iniciación a la lectoescritura, aunque desde los 3 años, los adultos creamos los pilares mediante la estimulación de los prerrequisitos lectores.

— El niño dispone de unas herramientas que le impedirán la aparición y proliferación de las faltas de ortografía.

Empezar a enseñar a leer y a escribir a niños de infantil puede resultar vertiginoso si no se dispone de un libro, una guía o algún material. Incluso puede provocar recelos en ciertas familias. Es por esta razón que las familias deben estar al tanto de todas las decisiones que tomen los tutores y tener unos conocimientos básicos sobre la lectoescritura y sus componentes. Dar el salto a eliminar los materiales impresos es una decisión que, a la larga, facilita, simplifica y suaviza el acceso a este aprendizaje. La realización de unas actividades sonoras, tanto en la escuela como en el hogar, y unas pequeñas prácticas de escritura permiten al alumnado soltarse de manera espontánea en esta habilidad. Los resultados teóricos demuestran la eficacia de este tipo de propuestas, así como las evidencias empíricas que han dotado de una validez a la conciencia fonológica y a los otros predictores lectores. Los niños que, al cumplir los 6 años de edad, son capaces de realizar con éxito las operaciones sonoras con los fonemas serán capaces de leer y escribir de manera efectiva.

Si queremos comenzar a poner en práctica esta metodología, debemos respetar una serie de indicaciones:

1. La conciencia fonológica es una capacidad que se entrena y se potencia con la repetición.
2. El entrenamiento debe ser constante, organizado y secuenciado.
3. La conciencia fonológica, el conocimiento de las letras y sus sonidos y la velocidad de denominación son potenciadores necesarios del desarrollo lector y deben estar presentes en nuestras programaciones.
4. La conciencia fonológica debe reforzarse con el conocimiento temprano de las letras y sus correspondencias fonéticas.
5. La correspondencia grafema-fonema ayuda en el acceso a la lectoescritura debido a que potencia el metaconocimiento fonológico.
6. La programación de las actividades debe responder a los principios de secuenciación basados en el desarrollo de la conciencia fonológica.

Estos principios son la base sobre la que poder construir y realizar más actividades. En el último capítulo os presento varias propuestas para realizar en 3, 4 y 5 años. Es revelador observar la relación del desarrollo de la conciencia fonológica y la aparición progresiva de la lectoescritura.

En las siguientes hojas detallaremos las actividades mínimas que debemos realizar para desarrollar los prerrequisitos y lograr el desarrollo de los mismos.

3 AÑOS

Desde los 3 años a los 3 años y 4 meses.
— Discriminación entre letras y números.
— Reconocimiento de su propio nombre.
— Presentación de todas las letras.
— Juegos motores de separar palabras de una frase (mediante saltos, palmadas, etc.).
— Discriminación auditiva de sonidos cotidianos: de animales, de máquinas, etc.
— Poesías, rimas y aliteraciones.

Desde los 3 años y 4 meses a los 3 años y 8 meses.
— Reconocimiento de las letras de su nombre.
— Diferenciar palabras entre sí.
— Poesías, rimas y aliteraciones.

Desde los 3 años y 8 meses a los 4 años.
— Reconocimiento de los nombres de sus familiares y amigos.
— Poesías, rimas y aliteraciones.

4 AÑOS

Desde los 4 años a los 4 años y 4 meses.
— Enseñar las grafías que comparten fonemas.
— Juegos motores de separar las sílabas de una palabra.
— Juegos de manipulación fonémica: cambio de vocales en posición final de palabra. Por ejemplo:
  P.: «Si a la palabra *palo* le cambiamos la *o* por una *a*, ¿qué palabra obtengo?».
  R.: «*Pala*».
— Uso de dibujos/fotos, partidos en tantas partes como sílabas, que deben ser reconstruidos como un puzle. El

niño dirá cada sílaba con cada uno de los segmentos del puzle.

— Comparar las palabras según su número de sílabas: más largas/más cortas.
— Clasificar los nombres según el número de sílabas.
— Poesías, rimas y aliteraciones.

Desde los 4 años y 4 meses a los 4 años y 8 meses.
— Juegos de manipulación silábica: cambio de sílabas. Por ejemplo: «Si a la palabra *perro* le cambio la sílaba *rro* por *so*, ¿qué palabra obtengo?».
— Juegos de manipulación silábica: cambio del orden de las sílabas. Por ejemplo: «Si a la palabra *saca* le cambiamos el orden de las sílabas, ¿qué palabra obtengo?».
— Discriminar palabras que rimen.
— Juegos de agrupación de los niños en función del número de sílabas de sus nombres.
— Buscar objetos que contengan ciertas sílabas.
— Identificación de las sílabas que ocupan cierta posición.
— Comparar el número de sílabas entre palabras.

Desde los 4 años y 8 meses a los 5 años.
— Canciones en las que se cambian todas las vocales de las palabras por la misma vocal.
— Juegos de encadenar palabras usando la última sílaba de una palabra y empezando otra con esa misma.
— Poesías, rimas y aliteraciones.

5 AÑOS

Desde los 5 años a los 5 años y 4 meses.
— Juegos de eliminación silábica. Por ejemplo: «Si en la palabra *pelota* no digo la sílaba *ta*, ¿qué palabra obtengo?».

— Juegos de incorporación de sílabas. Por ejemplo: «Si a la palabra *casa* le añado la sílaba *do*, ¿qué palabra obtengo?».

— Comparar si dos palabras comienzan o acaban con el mismo sonido.

— Veoveo sonoro. Por ejemplo: «Busca una palabra que comience con el sonido /s/».

— Elaboración de poesías, rimas y aliteraciones.

Desde los 5 años y 4 meses a los 5 años y 8 meses.

— Juegos de manipulación fonémica. Cambio de consonantes en cualquier posición de la palabra. Por ejemplo: «Si a la palabra *pelo* le cambiamos el sonido /l/ por el sonido /t/, ¿qué palabra obtengo?».

— Juegos de situación temporal. Por ejemplo: «El sonido /s/ en la palabra *seta* ¿está al principio, al final o en medio de la palabra?».

— Elaboración de poesías, rimas y aliteraciones.

Desde los 5 años y 8 meses a los 6 años.

— Juegos de unir fonemas. Por ejemplo: «Si junto los sonidos /s/, /e/, /t/, /a/, ¿qué palabra obtengo?».

— Mezclar juegos de alteración del orden de las sílabas, cambio de sílabas completas, modificación de fonemas vocálicos, incorporación y eliminación de sílabas y modificación de fonemas consonánticos.

— Juegos de encadenar palabras cogiendo el último sonido y empezando con ese mismo fonema.

— Elaboración de poesías, rimas y aliteraciones.

— Juegos explícitos de cambio de letras. Por ejemplo: «¿Qué letra debo cambiar a *palo* para que se convierta en *paso*?».

6 AÑOS

— Seleccionar textos donde primen las poesías, las rimas y las aliteraciones.

— Mezclar juegos de alteración del orden de las sílabas, cambio de sílabas completas, modificación de fonemas vocálicos, incorporación y eliminación de sílabas y modificación de fonemas consonánticos.

— Creación de rimas propias.

— Juegos de fonemas encadenados.

En las siguientes páginas desarrollaré las actividades anteriores de una manera más detallada y con ejemplos de las mismas.

4 AÑOS

Desde los 4 años a los 4 años y 4 meses.

— Enseñar las grafías que comparten fonemas.

    — Se usa el abecedario y se enseñan las similitudes sonoras.

— Juegos motores de separar sílabas de una palabra.

    — Palmear cualquier palabra que presentemos al niño.

— Juegos de manipulación silábica.

    — Cambio de sílabas. Ejemplo:

      P.: «Si a *perro* le cambio *rro* por *so,* ¿qué palabra obtengo?».

      R.: «*Peso*».

      P.: «Si a *peso* le quito *pe* y la cambio por *que,* ¿qué palabra obtengo?».

      R.: «*Queso*».

      P.: «Si a *queso* le quito *so* y la cambio por *mo,* ¿qué palabra obtengo?».

      R.: «*Quemo*».

— Uso de dibujos/fotos, partidos en tantas partes como sílabas, que deben ser reconstruidos como un puzle.
— Poesías, rimas y aliteraciones.
  — Podemos inventarnos una rima con palabras.
  — Se puede escribir un libro de rimas con palabras que elija el niño.

Desde los 4 años y 4 meses a los 4 años y 8 meses.
— Juegos de manipulación silábica.
    — Cambio del orden de las sílabas. Ejemplo:
      P.: «En *ca-sa*, si cambiamos el orden, ¿qué palabra obtengo?».
      R.: «*Sa-ca*».

Desde los 4 años y 8 meses a los 5 años.
— Juegos de manipulación vocálica.
    — Cambio de vocales finales de la palabra. Ejemplo:
      P.: «Si *saca* le cambiamos la *a* final por una *o*, ¿qué palabra obtengo?».
      R.: «*Saco*».
— Canciones en las que se cambian todas las vocales de las palabras.
— Descubrir palabras que rimen.
— Juegos de encadenar palabras cogiendo la última sílaba de una palabra y empezando otra con esa misma. Ejemplo:
    Saco - cosa - sábado - domingo - gota
— Juegos de incorporación de sílabas. Ejemplo:
      P.: «Si a la palabra *casa* le añado al final la sílaba *do*, ¿qué palabra obtengo?».
      R.: «*Casado*».

5 AÑOS

Desde los 5 años a los 5 años y 4 meses.
— Juegos de eliminación silábica.
  — En posición final:
    P.: «Si en la palabra *pelota* no digo la sílaba *ta*, ¿qué palabra obtengo?».
    R.: «*Pelo*».
  — En posición inicial:
    P.: «Si en la palabra *caseta* no digo la sílaba *ca*, ¿qué palabra obtengo?».
    R.: «*Seta*».
  — En posición media:
    P.: «Si en la palabra *raqueta* no digo la sílaba *que*, ¿qué palabra obtengo?».
    R.: «*Rata*».

— Juegos de incorporación silábica.
  — En posición final:
    P.: «Si a la palabra *casa* le añado al final la sílaba *do*, ¿qué palabra obtengo?».
    R.: «*Casado*».
  — En posición inicial:
    P.: «Si a la palabra *mero* le añado al principio la sílaba *nu*, ¿qué palabra obtengo?».
    R.: «*Número*».
  — En posición media:
    P.: «Si a la palabra *moda* le añado en medio la sílaba *ne*, ¿qué palabra obtengo?».
    R.: «*Moneda*».
— Juegos de manipulación fonémica.
  — Cambio de vocales en cualquier posición de la palabra. Ejemplo:
    P.: «Si a *pelo* le cambio el sonido /e/ por el sonido /o/, ¿qué palabra obtengo?».

R.: «*Polo*».

P.: «Si a *polo* le cambio el sonido /o/ por el sonido /a/, ¿qué palabra obtengo?».

R.: «*Palo*».

— Comparar si dos palabras comienzan o acaban con el mismo sonido.

— Veoveo sonoro. Por ejemplo: «Busca una palabra que comience con el sonido /s/».

Desde los 5 años y 4 meses a los 5 años y 8 meses.

— Juegos de manipulación fonémica.

— Cambio de consonantes en cualquier posición de la palabra. Ejemplo:

P.: «Si a la palabra *pelo* le cambiamos el fonema /l/ por /s/, ¿qué palabra obtengo?».

R.: «*Peso*».

P.: «Si a la palabra *peso* le cambiamos el fonema /p/ por /k/, ¿qué palabra obtengo?».

R.: «*Queso*».

P.: «Si a la palabra *queso* le cambiamos el fonema /s/ por /m/, ¿qué palabra obtengo?».

R.: «*Quemo*».

Desde los 5 años y 8 meses a los 6 años.

— Juegos de unir fonemas. Ejemplo:

P.: «Si junto los sonidos /s/, /e/, /t/, /a/, ¿qué palabra obtengo?».

R.: «*Seta*».

— Juegos de encadenar palabras cogiendo el último sonido y empezando con ese mismo fonema. Ejemplo: *Casa - árbol - lobo - osos - sol - leer - rollo...*

— Mezclar juegos de alteración del orden de las sílabas, cambio de sílabas completas, modificación de fonemas vocálicos, incorporación y eliminación de sílabas y modificación de fonemas consonánticos.

P.: «Si a *bolo* le cambio el orden de la sílaba, ¿qué palabra obtengo?».

R.: «*Lobo*».

P.: «Si a *lobo* le quito la sílaba *bo* y la cambio por *ma*, ¿qué palabra obtengo?».

R.: «*Loma*».

P.: «Si a *loma* le añado *pa* al principio, ¿qué palabra obtengo?».

R.: «*Paloma*».

P.: «Si a *paloma* le quito *ma*, ¿qué palabra obtengo?».

R.: «*Palo*».

P.: «Si a *palo* le quito la *a* y la cambio por *o*, ¿qué palabra obtengo?».

R.: «*Polo*».

3. La ortografía en infantil y primaria

LA PREVENCIÓN DE LA ORTOGRAFÍA

Años después de haber establecido mi manera de enseñar a leer sin necesidad de complicados ni costosos métodos para el alumnado, se cruzó en mi vida profesional otro deseo: ¿cómo puedo eliminar las faltas de ortografía de la escritura de los niños? La pregunta es complicada de responder, ya que estamos hablando de una etapa en la que los niños no escriben ni leen. ¿Cómo puedo controlar las faltas de ortografía en una etapa en la que están empezando este aprendizaje?

Mi objetivo no es solo eliminar las faltas de ortografía por el aspecto más pulcro de la escritura. La incorrección ortográfica actúa en aspectos más profundos de la lectoescritura. El más grave es la comprensión lectora. Imaginémonos que estoy leyendo un texto con multitud de faltas. Cada ocasión en la que lea una palabra incorrecta, ocurrirá un proceso que frenará y colapsará el componente semántico. Si leo una palabra incorrecta, esta forma no encontrará su imagen ortográfica en el lexicón o almacén ortográfico, proceso que debería ser automático para agilizar otros sistemas lectores. Este hecho generará un nuevo análisis y codificación para encontrar una forma que se asemeje a la errónea, provocando un freno similar a una cadena de montaje en la que un eslabón se paraliza. El resto del proceso se resiente.

Durante varios años reflexioné sobre la manera de afrontar y lograr este objetivo. El esfuerzo mereció la pena debido a que conseguí elaborar una metodología que fusionaba los principios de los prerrequisitos lectores con la prevención ortográfica. En el siguiente capítulo presentaré esta metodología preventiva que elimina las faltas de ortografía antes incluso de que las puedan llegar a cometer.

Para lograr establecer un freno efectivo de las faltas de ortografía, es necesario comprender la naturaleza de instauración de las mismas. Imaginemos que nuestro hijo desea escribir la palabra *viernes* por primera vez en su vida. Existen dos posibilidades: con *b* o con *v* (*biernes* y/o *viernes*). En caso de que elija la versión con *b*, se comenzará a establecer una imagen errónea en la memoria visual o lexicón que provocará un nivel de activación mayor la próxima vez que tenga que escribirla.

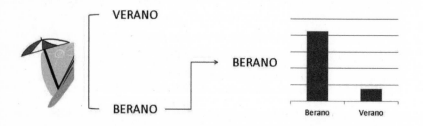

Esta dinámica de instauración es recogida por Fernando Cuetos Vega cuando explica qué ocurre cuando un niño

[...] elige una forma aleatoria que no es la correcta y no se le corrige. La próxima vez que tenga que escribirla tendrá más probabilidades de utilizar esta forma errónea, con lo cual se irá formando una representación que no es la que corresponde a esa palabra y que será la que se active cuando quiera escribirla.[88]

Además, y en este caso concreto, la *b* es más frecuente que la *v* en el idioma castellano.

En realidad, y si analizamos las diferentes posibilidades combinatorias de las palabras, podemos afirmar que la probabilidad de escribir correctamente cualquier palabra es relativamente baja. En resumidas cuentas, es más fácil fallar que acertar.

En aquellas palabras que contienen un grafema conflictivo, existen dos posibilidades de escritura: la correcta y la incorrecta. Un 50 % de posibilidades de acertar. Si los fonemas problemáticos son dos, las posibilidades de escritura aumentan a cuatro, reduciéndose a la mitad la probabilidad de acierto, un 25 %. La verdad es que, sin ayuda por parte del adulto, es complicado que un niño sea capaz de escribir correctamente, especialmente en 5 años y en 1.º de primaria, debido a la ausencia de reglas ortográficas que conoce el alumno.

El proceso sucede según este gráfico.

PALABRA	NÚMERO DE VARIABLES	POSIBILIDADES DE ESCRITURA		PORCENTAJE DE ACIERTO
VASO	1 *(V/B)*	*VASO* *BASO*		50 %
BOYA	2 *(B/V)* *(Y/LL)*	*BOYA* *VOYA* *BOLLA* *VOLLA*		25 %
VAJILLA	3 *(B/V)* *(Y/LL)* *(J/G)*	*VAJILLA* *BAJILLA* *VAGILLA* *BAGILLA*	*VAJIYA* *BAGILLA* *BAGIYA* *BAJIYA*	12,5 %
CABELLO	4 *(B/V)* *(Y/LL)* *(C/K/Q)*	*CABELLO* *CAVELLO* *CABEYO* *CAVEYO* *KABELLO* *KAVELLO*	*KAVELLO* *KABEYO* *QUABELLO* *QUAVELLO* *QUABEYO* *QUAVEYO*	8,33 %

Sigamos analizando la naturaleza de las faltas de ortografía. ¿Existe algún patrón de elección entre los pares de letras conflictivas? Es decir, ¿un niño elige una de las letras al azar? El sentido común puede indicar que el niño no aplicará ninguna regla de elección y que será el azar el culpable de su toma de decisión. Para resolver esta cuestión, decidí elaborar un pequeño experimento con niños de 5 años. Los resultados fueron reveladores.

Mi conclusión es que el niño elige una de las letras siguiendo una regla. La regla que actúa sobre el niño a la hora de tomar una decisión ortográfica es la frecuencia relativa de aparición de la letra en el idioma castellano. Algunas grafías aparecen en un mayor número de ocasiones que otras en un idioma. En el caso de que tengamos que elegir entre una *b* o una *v*, es más frecuente que los niños elijan la primera, ya que para ellos es más significativa que la segunda al aparecer un mayor número de veces en los textos. De hecho, el niño es más susceptible de utilizar unas letras más que otras debido a la frecuencia relativa de aparición en el idioma castellano. El razonamiento es que, si algunas letras aparecen más que otras en un idioma, el niño tenderá a elegirlas debido a su mayor presencia. Si la letra *b* aparece casi el doble de veces que la grafía *v*, la tendencia del niño será elegir la letra más frecuente de aparición ante ese fonema. Mi investigación consistió en presentar pseudopalabras a los niños y provocar una elección subjetiva. En el caso de la pareja *b/v*, presentaba una imagen de un personaje al que yo llamaba /bepo/. A continuación, les presentaba dos tarjetas en donde estaba escrito el nombre del personaje, pero con una presentación diferente para cada grafía: *vepo/bepo*.

Repetí la operación con diferentes pares de nombres y observé si se producían los mismos resultados con las diferentes frecuencias de las letras.

Pares de letras	Frecuencia relativa de cada grafía	Elección en prueba de decisión ortográfica
B/V BEPO/VEPO	B: 1,42 %	B: 65,3 %
	V: 0,9 %	V: 34,7 %
C/K CAB/KAB	C: 4,68 %	C: 52 %
	K: 0,01 %	K: 48 %
LL/Y LLOPO/YOPO	LL: 4,97 %	LL: 78,2 %
	Y: 0,9 %	Y: 21,8 %
G/J GUNO/JUNO	G: 1,01 %	G: 48 %
	J: 0,44 %	J: 52 %

Estos resultados parecen indicar que las letras más frecuentes son las que elegirá una persona ante una prueba de decisión ortográfica. El único par en el que la predicción no se cumplió respondió a la pareja *g/j*, aunque el porcentaje fue muy similar. La explicación puede radicar en el hecho de que la *j* corresponde a un sonido puro ante ese fonema, mientras que la *g* presenta dos fonemas asociados a su grafía. Al tener que elegir ante una pseudopalabra con el fonema /j/, el alumno decide tomar la grafía plena. En el par *b/v*, muchos de los alumnos que eligieron la *v* fueron los que en su nombre tenían esa letra (Víctor, Verónica, Vanesa…). Para ellos, la *v* es la grafía distintiva al fonema /b/ y la que más veces han visto en sus cortas vidas.

¿CÓMO CONTROLAMOS LAS FALTAS DE ORTOGRAFÍA EN EDUCACIÓN INFANTIL?

Erradicar las faltas de ortografía de los escritos iniciales es una tarea compleja debido a que el niño no muestra demasiadas manifestaciones físicas de esta capacidad. Sin embargo, el control ortográfico infantil debe actuar como prevención y como un primer muro de contención ante esta problemática escolar. Según Bravo (2004), «el objetivo [del maestro] es lograr asociar exitosamente los componentes fonémicos del lenguaje oral con los ortográficos del lenguaje escrito».[89] ¿De qué nos sirve obligar al niño a escribir si no controlamos los aspectos más formales de la escritura? ¿Es viable bajar la cantidad y elevar la calidad? Esa es la filosofía que deseo transmitir al lector.

Si deseamos contestar a esta pregunta, debemos conocer y tratar de ajustarnos a las fases de desarrollo de la conciencia fonológica. La manera de conseguirlo es tratar de sensibilizar al niño de que existen algunas letras que son especiales porque comparten un sonido: *b/v, y/ll, c/z, g/j* y *c/k/q*. El riesgo de que comiencen a cometer faltas de ortografía es más crítico en la etapa en la que los niños comienzan a segmentar los fonemas de una palabra. Si un niño comienza a descomponer los sonidos y segmenta un fonema conflictivo, deberá elegir entre las parejas de grafías. Si debe tomar esta decisión es posible que pueda cometer un error. En la etapa de la conciencia silábica el riesgo es bajo, ya que suelen escoger solo las vocales, que es la elección típica de la escritura silábica de ese momento. ¿Cuándo sería conveniente entrenar a los niños a ser sensibles a estas letras?

El entrenamiento ha de iniciarse en el primer trimestre del curso de 4 años. La razón es que, al volver de las vacaciones de Navidad, algunos niños empiezan a cumplir los 5 años. Según las etapas de la conciencia fonológica, a partir de esta edad comienzan las operaciones de segmentación y manipulación con los fonemas. Estos niños van siendo capaces de segmentar los fonemas y, por consiguiente, pueden cometer posibles errores de ortografía.

¿Y cómo entrenamos a los niños a ser sensibles a los fonemas que queremos destacar? La manera y el momento de actuación se centrarán en la asamblea o en los intervalos en los que estemos en casa con actividades de escritura. Voy a comentar cómo lo desarrollo en mi clase con mis alumnos. Cada día de la semana, el encargado deberá escribir una palabra relacionada con el proyecto, tema o unidad didáctica que estemos trabajando con la clase. En esta primera etapa, deberemos ayudarlos a segmentar y a escribir las letras que vayan descomponiendo. Las palabras que elijamos deben tener una condición: poseerán uno o varios fonemas conflictivos.

Cuando lleguemos a ese fonema, debemos enseñar a la asamblea a que pregunten al adulto cuál es. Es una práctica que hemos de realizar con todos los fonemas con los que los niños puedan tener algún tipo de dificultad. Es importante enseñar a las familias la manera de trabajar. Al finalizar el curso, deberemos haber escrito un número similar de palabras con cada uno de los fonemas. Cada sonido debe haber sido sensibilizado el mismo número de veces que los otros, es decir, deben presentarse en cantidad similar para permitir un entrenamiento equilibrado de cada sonido.

¿Y cómo lo desarrollamos en el hogar? Nuestro objetivo como padres es entrenar y consolidar el automatismo de preguntar para resolver la duda de decisión de las grafías. Dado que en casa contamos con la posibilidad de individualizar al máximo el trabajo con nuestros hijos, es más sencillo que podamos actuar de manera más efectiva que con 25 alumnos. La repetición de las indicaciones del adulto forjará la pregunta automática del niño al adulto.

Para completar este apartado, os pido que enlacemos con el abecedario fonético que enseñamos a nuestros niños y que os presenté en anteriores páginas. Si el mismo dibujo es compartido por dos o más letras, el sonido es el mismo. Enseñamos a ser sensibles a esas letras mediante la similitud de los dibujos.

En el caso de las letras c, k y q, el alumno ve rápidamente que el fonema asociado es similar al ruido producido por una gallina. Lo pueden ver y lo pueden aprender de manera visual. Algunos niños se levantan para ver los dibujos y comprobar su elección.

A continuación, os presento las actividades que podemos realizar desde los 3 años hasta los 6 años de edad con nuestros niños.

3 AÑOS

La franja de los 3 a los 4 años de edad, que coincide con el primer curso de educación infantil, debe ser un acercamiento a la realidad de las letras y no recomendamos la escritura de textos. Comenzaremos a presentar las letras y los fonemas asociados a las grafías.

B/V	OVEJA/VIENTO
C/K/Q	GALLO
D	ZUMBIDO DE UNA MOSCA
F	FANTASMA/MONSTRUO
G	GÁRGARAS SUAVES
H	MUDA
J/G	RISA
L	CANTANTE DE ÓPERA
M	PLATO SABROSO
N	PENSAR
Ñ	ENFADO
P	BURBUJA QUE EXPLOTA
R	MOTO/VEHÍCULO A MOTOR
S	SILENCIO
T	MARTILLO
W	GÁRGARAS
X	ESPADAS/CUCHILLOS CHOCANDO
Y/LL	PREPARADOS, LISTOS, YYYYYYYYYYA…
Z/C	RONCAR
A	DOLOR
E	LLAMAR LA ATENCIÓN
I	CABALLO
O	PENA
U	LOBO

Podemos preparar a los alumnos en tres aspectos que facilitarán el paso al lapicero y a la escritura efectiva:

— Actividades de pinza digital: juegos con goteros, pintar con el dedo índice, juegos con arena y actividades de trasvase de materiales.
— Postura corporal: iniciamos las enseñanzas que les permitirán la correcta higiene corporal a la hora de trabajar en la mesa.
— Actividades de grafomotricidad: el uso de los dispositivos digitales es muy motivante para realizar actividades de grafomotricidad.

4 AÑOS

La etapa de los 4 a los 5 años es la más importante de la metodología, debido a que es el momento en el que enseñamos la estrategia de preguntar para evitar las faltas de ortografía. Durante la asamblea, escribiremos una palabra y estableceremos el automatismo de preguntar al adulto la letra que deben escoger ante la duda ortográfica. La escritura de una palabra al día en la hora de la asamblea es suficiente para desarrollar la estrategia de preguntar a un elevado número de alumnos de la clase. Una vez que el encargado ha escrito la palabra con nuestra ayuda y la de sus compañeros, podemos usar esa misma palabra para realizar las actividades de conciencia fonológica. Si la palabra escrita ha sido *caballo*, debido a que estamos estudiando el proyecto de la granja, podemos realizar las siguientes actividades, siempre respetando que, en este momento, el alumnado se sitúa en la etapa de la conciencia silábica, por lo que nos centraremos en las sílabas como unidades sonoras manipulables. Ejemplo:

P.: «Si a *caballo* le quito la sílaba *llo*, ¿qué obtengo?».
R.: «*Caba*».
P.: «Si a *caba* le cambio la sílaba *ba* por la sílaba *pa*, ¿qué obtengo?».
R.: «*Capa*».
P.: «Si a *capa* le cambio la sílaba *pa* por la sílaba *ra*, ¿qué obtengo?».
R.: «*Cara*».
P.: «Si a *cara* le añado al final la sílaba *col*, ¿qué obtengo?».
R.: «*Caracol*».

Las primeras veces puede costarnos buscar las sucesivas transformaciones en las palabras, pero la práctica nos convertirá en expertos. Debemos ser nosotros los que establezcamos el número de transformaciones desde la palabra inicial. Puede ayudarnos el hecho de prepararnos previamente los cambios de las palabras, aunque iremos adquiriendo destreza en esta tarea con la práctica.

Al inicio de una unidad didáctica es recomendable pensar las palabras que vamos a escribir en la asamblea para anticipar y comprobar que presentamos el mismo número de veces cada fonema. Este sería un ejemplo de previsión léxica para la unidad del espacio:

EL ESPACIO				
/b/ B/V	/y/ Y/LL	/Ɵ/ Z/C	/k/ C/K/Q	/j/ J/G
OVNI VENUS	ESTRELLA DESTELLO	ESPACIO CIELO	COHETE CASCO	JÚPITER ENERGÍA

El tutor deberá evaluar a cada niño y establecer el grado de adquisición del automatismo de preguntar al adulto. Si conseguimos tener alumnos entrenados a preguntar, la probabilidad de que cometan faltas de ortografía se reducirá de manera significativa.

El uso de gestos se debe incorporar a nuestras rutinas diarias, y estos pueden ser enseñados a la clase en cualquier momento de la jornada. Esta estrategia para recordar la ortografía de las palabras es fundamental. Algunos términos son muy fáciles de recordar con una asociación gestual explícita y deben ser enseñados de manera continuada en todas las etapas educativas. En una clase de 4 años, si todos los viernes del año les decimos a los niños que *viernes* se escribe con *v* y les damos el truco de levantar los brazos en señal de alegría, el alumnado vivenciará que sus brazos adquieren la forma de la letra V. Este gesto podemos generalizarlo a otras palabras a las que es posible atribuir el mismo gesto, como en el caso de *vacaciones*. Otro ejemplo de generalización de un gesto se establece con la letra *c*, en las palabras *princesa* (persona que suele llevar una corona en la cabeza), *corona* (objeto que tiene forma de C) y *carnaval* (acontecimiento en el que nos ponemos coronas).

El uso de objetos cotidianos puede servirnos de estrategia para recordar la ortografía correcta. Una revista abierta puede ser asimilada porque adquiere una forma de V, y una corona de juguete se parece a la C.

En casa trabajaremos en coordinación con el tutor, que previamente ha debido enseñarnos la manera de reforzar estos aspectos de la lectoescritura y la ortografía. Las indicaciones para el hogar son las siguientes:

— Recalcar la importancia de preguntar al adulto.

— Asociar gestos a las palabras que escriban los alumnos.

— Podemos motivar a nuestro hijo para que escriba palabras con nuestra ayuda. La escritura de la lista de la compra es un buen inicio.

— Silabear palabras e ir presentando juegos de cambio de sílabas.

5 AÑOS

El lapso entre los 5 y los 6 años se caracterizará por una serie de decisiones que variarán según nuestra concepción hacia el inicio de la lectoescritura. Si somos tendentes a ello, podemos incorporar actividades que favorezcan la elaboración de textos. Si, por el contrario, somos más conservadores y preferimos un inicio más tardío, podemos evitar las actividades de escritura y lectura de textos a los niños. Existe una tercera vía que se basa en ofrecer actividades en las que el niño decida si se inicia en este tipo de prácticas. El adulto puede ofrecer al niño tres posibilidades: puede escribir, puede dibujar o puede realizar ambos ejercicios. Este tipo de propuestas permiten la misma realización para todos los niños, pero usando diferentes herramientas:

1. El diario del fin de semana: cada niño puede tener un

cuaderno en el que debe plasmar una actividad que haya realizado durante el último fin de semana, bien escribiendo o bien dibujando.

2. El diario o la noticia del día: el niño puede tener una libreta donde escriba o dibuje una noticia importante de su vida diaria.

Según avance a los 5 años y medio, es posible que el niño nos solicite la escritura de frases en diferentes formatos: mandar un mensaje por el móvil al abuelo, escribir la carta a los Reyes Magos, elaborar un cuento, etc. El número de momentos en los que el niño deberá preguntar al adulto sobre la grafía adecuada aumentará y mejorará su automatización.

En esta época podemos usar métodos ideovisuales u ortodibus que les permitan establecer relaciones de memorización con las palabras que han escrito. Los niños que son capaces de operar, manipular y segmentar los fonemas serán los primeros que den el salto a la escritura de una manera más limpia y espontánea.

¿CÓMO APLICAR EL MÉTODO EN LA ESCUELA?

Enseñar a leer y a escribir a nuestros alumnos no es algo complicado si respetamos los principios del desarrollo de la conciencia fonológica y del conocimiento de las letras y sus sonidos. Tampoco es un quebradero de cabeza el controlar las faltas de ortografía si comenzamos de una manera temprana. ¿Pero cómo puedo integrar ambos objetivos de un modo natural, sencillo y respetuoso con su desarrollo? Para lograrlo, y resumiendo lo presentado en las páginas previas, debemos seguir estos tres pasos:

1. El tutor ayuda al encargado a escribir la palabra relacionada con el proyecto que estamos trabajando.

«Seguimos estudiando el espacio. Hoy vamos a escribir la palabra *nave*».

El tutor debe ir enseñando y entrenando al alumnado a que pregunten cuál es.

2. El tutor utiliza esta palabra para proponer actividades para desarrollar la conciencia fonológica y debemos elegir aquellas adaptadas a la edad de nuestros alumnos.

P.: «Si a *nave* le cambio el orden de las sílabas, ¿qué palabra obtengo?».

R.: «*Vena*».

P.: «Si a *vena* le cambio el sonido /b/ por el sonido /p/, ¿qué palabra obtengo?».

R.: «*Pena*».

P.: «Si a *pena* le cambio el sonido /n/ por el sonido /s/, ¿qué palabra obtengo?».

R.: «*Pesa*».

P.: «Si a *pesa* le añado la sílaba *do* al final, ¿qué palabra obtengo?

R.: «*Pesado*».

En este caso, las actividades que he seleccionado corresponden a una clase de 5 años y son las siguientes: cambio del orden de las sílabas, cambio de fonemas consonánticos e incorporación silábica.

3. El tutor enseña un gesto relacionado con la palabra que ha escrito para establecer una estrategia nemotécnica.

«La palabra *nave* se escribe con *v*. El truco para recordarlo es que las naves se parecen a esta letra cuando despegan».

En el caso de la palabra *nave*, el profesor forma una V invertida con los dedos índice y corazón, marcamos una cuenta atrás y simulamos que despega la nave.

Con estas tres actividades conseguimos tres objetivos básicos en nuestra práctica diaria:

1. Prevenir retrasos en el desarrollo de la lectoescritura.
2. Prevenir los errores de ortografía.
3. Globalizar los aprendizajes de una manera sencilla, rápida y pausada.

¿CÓMO APLICAR EL MÉTODO EN EL HOGAR?

La manera de afrontar este método para enseñar a leer y a escribir a nuestros hijos será más sencilla y reducida que en la escuela. El peso de la metodología será realizado por el tutor, pero debemos ir de la mano con las familias. Nadie duda de que la participación familiar en la educación de los hijos provoca mejores resultados.

1. El padre vigilará la escritura de palabras en casa.

Cada vez que observemos a nuestros hijos escribir, debemos vigilar que nos pregunten y valorar el grado de adquisición del automatismo.

2. Podemos realizar juegos en casa o en la calle en los que intervengan las capacidades de la conciencia fonológica. Un buen momento es antes de irse a la cama o en los viajes en coche.

P.: «Si a *roca* le cambio el orden de las sílabas, ¿qué palabra obtengo?».

R.: «*Carro*».

P.: «Si a *carro* le cambio el sonido /k/ por el sonido /b/, ¿qué palabra obtengo?».

R.: «*Barro*».

P.: «Si a *barro* le cambio el sonido /o/ por el sonido /a/, ¿qué palabra obtengo?».

R.: «*Barra*».

Las actividades seleccionadas corresponden a un niño de 5 años.

3. La familia buscará gestos para las nuevas palabras que escriba su hijo.

«La palabra *Navidad* se escribe con *v*. El truco para recordarlo es que el árbol de Navidad se parece a una V si le damos la vuelta».

En el caso de la palabra *Navidad*, el familiar forma una V invertida con los dedos índice y corazón, y le damos la vuelta y decimos *Navidad* simultáneamente.

Esta niña (5 años y 6 meses) escribe correctamente las tildes de *mamá* y de la palabra *corazón* sin preguntar, ya que las tiene memorizadas. La tilde de *mamá* es el beso que te manda (colocas la mano estirada y el alumno observa el canto) y la de *corazón* la memorizó con una imagen ideovisual que se le presentó. En la palabra *bodegón* preguntó al adulto con qué letra se escribía y se le indicó que escribiera la tilde en la segunda *o*.

Esta niña (5 años y 5 meses) recuerda el mismo gesto del beso de la palabra *mamá*. La palabra *quiero* está bien escrita por la memorización, fruto de la repetición de verla y de escribirla un elevado número de veces.

Este cómic elaborado por una niña (5 años y 5 meses) está bien escrito porque utiliza varias estrategias: recuerdo de las palabras, gestos, preguntas al adulto sobre la letra que ha de elegir y añadidos posteriores del adulto a la producción de la niña (las tildes).

Esta niña (5 años y 1 mes) recuerda la escritura correcta de la palabra *primavera* mediante el gesto asociado. Se abren los dedos índice y corazón en forma de V, nos imaginamos que son dos flores y las olemos. En primavera salen las flores.

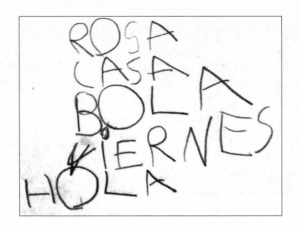

Esta alumna (4 años y 4 meses) es capaz de escribir las siguientes palabras sin faltas de ortografía usando los gestos que enseñé a la clase para recordarlas.

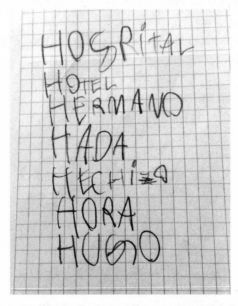

Dada la curiosidad de una alumna por la *h*, le presenté unas palabras que comenzaban con esa letra. Esta niña (4 años y 7 meses) fue capaz de escribirlas sin faltas de ortografía. La memoria visual es muy eficaz en ella.

Este niño (5 años y 10 meses) escribió la palabra *visto* con la *v* por el gesto asociado. Se abren los dedos índice y corazón en forma de V y nos los llevamos a los ojos. El alumno escribió la *h*, ya que la había memorizado. La razón es que, todos los días, el encargado escribía la noticia del día y muchas frases comienzan con la estructura «He...». Al cabo de unas semanas, esta estructura es memorizada por la clase.

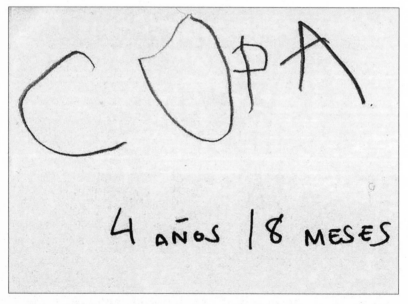

Este niño ha comenzado la transición a la escritura alfabética de manera temprana. Es capaz de escribir sílabas completas pese a que la entrada a la etapa de la conciencia fonémica se suele iniciar entre los 5 y los 6 años. La letra c es escrita sin preguntar al adulto, debido a que ha sido memorizada mediante un gesto (el dedo índice de la mano izquierda simula el tronco de un árbol y la mano derecha forma una C, a modo de la copa de un árbol, que se coloca encima del tronco). La previsión futura de este alumno es muy positiva, ya que los avances acontecen antes que las etapas de desarrollo. Este ejemplo nos indica la importancia de la prevención ortográfica debido a que este niño es capaz de escribir todas las letras y, por tanto, puede cometer errores ortográficos.

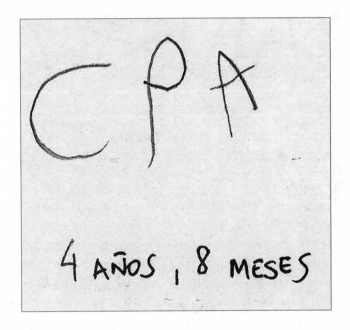

Este niño, de la misma edad que el anterior, presenta características de las dos etapas del desarrollo: de la conciencia silábica —ya que escribe sílabas con una sola letra— y de la conciencia fonémica —debido a que es capaz de escribir una sílaba completa, lo que implica una segmentación de los dos fonemas de la estructura *pa*—. Tampoco comete faltas de ortografía, ya que aplica la misma estrategia de recuerdo que el otro compañero. La expectativa de este niño es muy positiva, debido a que presenta signos de la etapa de la conciencia fonémica antes de llegar cronológicamente a ella. Además, es capaz de realizar pequeñas manipulaciones sonoras con las sílabas, lo que le otorga un plus de calidad en su desarrollo lector.

Esta niña (4 años y 9 meses) es capaz de escribir palabras completas y, por consiguiente, puede realizar manipulaciones con los fonemas. Es una alumna que ha comenzado a escribir espontáneamente, por lo que es necesario que tenga la capacidad de preguntar al adulto la letra que debe escribir. En esta palabra, trazada en la pizarra digital, la niña fue a escribir la *z* sin despejar la duda con el profesor. Es una alumna con la que tendremos que perseverar para lograr esa automatización.

Esta niña (6 años y 2 meses) es capaz de escribir una página completa de un cuento usando las estrategias de control ortográfico: *princesa* (gesto), recuerdo de estructuras fonológicas estables (los verbos que acaban en *aba* se escriben con *b*) y la tilde por aprendizaje del patrón sonoro de las palabras esdrújulas.

El caso de esta niña (6 años y 1 mes) muestra la importancia de las primeras enseñanzas de la ortografía y su eficacia futura. Las reglas de acentuación no se enseñan en las escuelas hasta 3.º de primaria. Sin embargo, podemos anticiparnos a la más que probable omisión de las tildes de diferentes maneras: la primera, diciéndole que la escriba y, la segunda, aún más efectiva, enseñándole el gesto nemotécnico. En este caso concreto, mando un beso con la mano y la coloco de manera que la vea recta. Podemos generalizar la tilde, diciendo que las mamás, los papás, los tíos y las tías nos mandan siempre besos. Esa es la estrategia para memorizar la tilde. Si la niña es curiosa, puede decirnos que las abuelas y los abuelos también nos mandan besos. Para evitar la generalización incorrecta, yo les digo que los abuelos y las abuelas no mandan besos. Dan superabrazos.

La misma niña del ejemplo anterior tiene todas las estrategias ortográficas preventivas, lo que le permite la escritura de textos sin faltas. En la palabra *resuelve* pregunta al adulto y en la palabra *vi* aplica el gesto de recuerdo, que consiste en formar una V con los dedos índice y corazón y acercarlos a los ojos. Aprovechamos para presentar el guion al final de frase para dividir una palabra y continuar en el renglón inferior, así como los signos de interrogación. La tilde de la palabra *cuántas* le digo que la escriba.

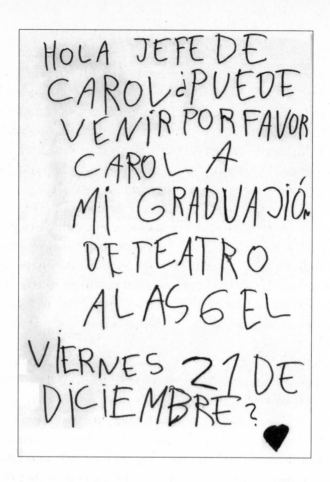

La misma niña es capaz de elaborar cartas y textos complejos de una manera segura y correcta. Las palabras *hola*, *venir*, *favor* y *viernes* han sido memorizadas con gestos nemotécnicos, mientras que, en la palabra *jefe*, me pregunta para resolver la duda. La tilde ha sido escrita porque la alumna ha aprendido que, si la sílaba tónica es la última y coincide con la secuencia sonora *on* al final, debe llevar tilde.

¿QUÉ OCURRE EN PRIMARIA?

La nueva concepción de la etapa de infantil en relación con la lectoescritura ha desplazado los tiempos de enseñanza. Hace varias décadas, el inicio de la lectoescritura se producía en 1.º de EGB. Era el momento propicio. La etapa de preescolar se reservaba para conocer las letras y otros aspectos del desarrollo. Era perfecto porque este enfoque se adecuaba mejor a los avances de los niños en la conciencia fonológica.

El hecho de haber adelantado casi dos años el inicio real de la lectoescritura en la etapa de educación infantil, apoyado y obligado por la ley de la Comunidad de Madrid, ha generado la falsa creencia de que estos alumnos de infantil ya deberían leer al acceder a la etapa de primaria. Incluso existen críticas a infantil si, en alguna clase de 5 años, los niños no han sido capaces, en su mayoría, de acceder a la lectoescritura.

Mi mujer, Sara, tutora del primer ciclo de primaria, me ha corroborado que en 1.º de primaria se ha acelerado y condensado la enseñanza de la lectoescritura, generando un ritmo demencial en el paso de la etapa. De hecho, tengo la sensación de que la enseñanza de la lectura y de la escritura, tradicionalmente atribuida a los tutores de primaria, ha sido traspasada a tutores de infantil, delegando a la etapa superior un papel de repaso de este aprendizaje.

¿Es esencial que sea así? ¿Logramos mejorar los resultados académicos?

No. Es más, considero que el primer curso de la nueva etapa debe ser exclusivo para enseñar a leer y a escribir, siendo la columna vertebral de las otras áreas.

¿Y cómo enseño a leer y a escribir? Por supuesto, no seré yo quien indique cómo deben enseñar. Cada tutor deberá elegir la metodología que mejor se adapte a su manera de ser y con la que se sienta seguro. Un profesor universitario siempre nos recalcaba que se aprende a leer con cualquier método.

Pese a ello, desearía transmitir una serie de orientaciones que podrían ser de vuestro interés:

— Debemos seguir trabajando el entrenamiento en sensibilización ortográfica.
— El tutor debe reservarse unos momentos de la jornada para seguir realizando los juegos de desarrollo de la conciencia fonológica. Con esta rutina del aula, los alumnos que ya leen afianzarán las capacidades de manipular y operar con los fonemas. Aquellos que aún no han comenzado a leer y a escribir podrán potenciar esta capacidad y aumentar el ritmo de este aprendizaje.
— Juegos de cambio de fonemas consonánticos. Ejemplo:
P.: «Si a *casa* le cambio el sonido /s/ por el sonido /p/, ¿qué palabra obtengo?».
R.: «*Capa*».
— Juegos de manipulación silábica, añadiendo, quitando o sustituyendo sílabas. Ejemplo:
P.: «Si a *pana* le añado delante la sílaba *cam*, ¿qué palabra obtengo?».
R.: «*Campana*».
P.: «Si a *rana* le cambio la última sílaba por la sílaba *ma*, ¿qué palabra obtengo?».
R.: «*Rama*».
P.: «Si a *cabeza* le quito la sílaba *be*, ¿qué palabra obtengo?».
R.: «*Caza*».
— Juegos de los sonidos encadenados. Ejemplo:
Casa - árbol - lobo - oso - oca - azul - lazo...
— Juegos de creación de rimas para operar con la musicalidad de las palabras.

— Realizaremos actividades de velocidad de denominación, dada su importancia como predictor lector.
— Los gestos siguen siendo una excelente manera de memorizar las excepciones ortográficas. Los tutores y las familias deberían considerar el uso de los mismos y comprobar el resultado de aplicar esta herramienta.
— Reducir la escritura masiva de textos y tratar de que 1.º de primaria sea un tránsito hacia el 2.º curso. El que un niño sea capaz de escribir una frase no se debe confundir con la escritura extensa de textos. Es una actividad costosa y que debemos reducir. Las familias deben suavizar las exigencias ante este aprendizaje y no dejarse llevar por la vorágine y las prisas por aprender a leer. Hay que evitar la habitual comparación entre los compañeros de nuestros hijos.
— ¿Es necesario un libro de texto en 1.º o 2.º de primaria? Desde mi percepción, no lo es, porque para escribir solo necesitas actividades motivantes y para leer únicamente se requiere un libro adaptado a sus edades.
— Suprimir la realización de dictados tradicionales y aplicar herramientas alternativas de evaluación de la ortografía.
— Uso de diferentes actividades de escritura y lectura: el diario de clase, la noticia del día, la agenda escolar, el buzón de clase, la caja de las notas, lectura de noticias de periódicos, creación de un rincón de textos de la vida cotidiana (folletos, recortes, publicidad, etc.).
— Enseñanzas de estrategias de reconocimiento de patrones sonoros asociados a la acentuación de palabras.

En conversaciones con tutores de 1.º de primaria, he observado que existen dos tipos de clases y de expectativas por parte de los alumnos hacia la lectoescritura. El primer tipo se reduce a clases desmotivadas y sin deseos de realizar actividades de escritura y lectura. La segunda clase responde a alumnos motivados y con deseos de practicar esta nueva habilidad descubierta por ellos. La razón que me han trasmitido suele responder al tipo de experiencia de lectoescritura que han disfrutado en la etapa de infantil. Las clases de infantil con un historial extenso de escritura suelen corresponder a alumnos desmotivados y hastiados. Las clases con un bagaje más limitado suelen corresponder a alumnos que descubren la lectoescritura y se complacen con este hallazgo.

En multitud de entrevistas con padres, me han preguntado: «¿Cuándo leerá mi hijo?». Mi respuesta ha sido siempre la misma: «Cuando él quiera». Todas las familias suelen recordar el minuto exacto en el que sus hijos iniciaron esta actividad. Yo les recuerdo que, antes de lograr esta hazaña, han practicado durante varios años con actividades que han eclosionado en un momento determinado. Otras familias me han comentado que su hijo rechaza la lectura y no quiere saber nada de ella. Mi respuesta es clara y contundente: «No me extraña». El gasto cognitivo de la lectoescritura es tan elevado que los niños se pueden sentir abrumados y prefieren evitar esta actividad. Cualquier persona sobrepasada por las circunstancias sigue el mismo patrón: «Si leer me cuesta, me dedicaré a otra actividad con menor coste atencional, cognitivo y procedural». Es importante recordar que el acto de leer implica una acción de toda la corteza cerebral. De hecho, leer es la única actividad humana que activa todas las áreas cerebrales. Ninguna otra provoca este hecho. Ninguna más. ¿Por qué no esperamos a que el niño domine las bases de la lectoescritura para que sea él el que se lance a realizarla de manera autónoma y consciente?

No deseo transmitir un mensaje de permisividad hacia la lectoescritura y que debamos dejar pasar el tiempo hasta que un alumno empiece a leer. Debemos observar a cada uno de ellos, porque existen una serie de indicadores que debemos conocer para detectar aquellos alumnos que presentan indicios de un desarrollo alterado de esta capacidad. Para evaluarlos y encontrarlos, es vital conocer las etapas de desarrollo de la conciencia fonológica. Pondré un ejemplo. Si un niño al inicio de primaria tiene 6 años y aún no es capaz de segmentar silábicamente una palabra, nos está indicando que puede presentar un desfase de un año respecto a un desarrollo ajustado. Durante el siguiente trimestre, deberemos vigilar y observar su evolución. Si no estamos seguros del ritmo de aprendizaje de un alumno, debemos ser rápidos en pedir la ayuda de los especialistas para realizar un diagnóstico y una intervención, en caso de ser necesaria.

LA CONCIENCIA FONOLÓGICA Y LA ACENTUACIÓN

El paso de infantil a primaria supone un importante cambio para el alumnado y para las familias. Esta transición obliga al niño a adaptarse a un ambiente más académico y formalista que el de la etapa previa. La diferencia respecto a décadas anteriores es que los alumnos se introducen en el mundo de las letras de manera más temprana y con un bagaje con el que yo no conté en mi entrada a la vida escolar.

En relación con la ortografía y la escritura, las nuevas generaciones de escritores y lectores tendrán una iniciación en 1.º de primaria. Aprenderán y afianzarán las primeras nociones de ortografía, de sintaxis y de construcción de textos.

Según avancen los meses del curso escolar, la clase se volverá autónoma en la elaboración de textos y, al final del año académico, casi con toda seguridad, los niños habrán conseguido iniciarse en esta capacidad humana. El resto de alumnos lo deberían adquirir durante el siguiente año, aunque debemos valorar un seguimiento y una evaluación de las capacidades fonológicas, lingüísticas y verbales, con el fin de establecer criterios de seguimiento, intervención y actuación educativa.

Una laguna que presentará el alumnado de 1.º es el uso de las reglas de acentuación, contenido que no se enseñará hasta 3.º de primaria. En este desfase temporal, la probabilidad de cometer faltas de ortografía se multiplicará debido a que los niños tienen escasas herramientas para aplicar la acentuación. Pueden usar estrategias nemotécnicas, gestuales y pocas más.

El perfeccionamiento de las estrategias proporcionadas por la conciencia fonológica puede ser el apoyo para los niños en estas primeras etapas de la escritura. El dominio de la tonalidad de la palabra, del silabeo y de la detección de las regularidades fonológicas les facilitará la aplicación de sencillas ayudas de acentuación. No es cuestión de enseñar las reglas de acentuación, sino de darles unos trucos que suplan las dificultades de aplicar las reglas de acentuación en el primer curso. Podría parecer desproporcionada la idea de enseñar a acentuar las palabras cuando los niños están aprendiendo esta habilidad. Pero me pregunto, ¿no es más desproporcionado obligar a escribir a un niño de infantil cuando aún no está preparado ni motivado para ello?

Iremos paso a paso. Observemos la siguiente imagen:

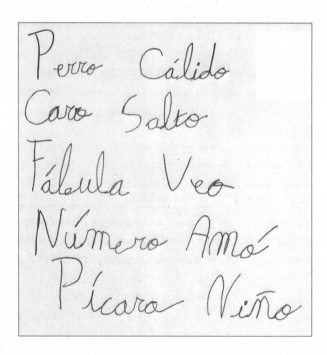

Esta niña podría representar a una estudiante de 8 años de edad debido al dominio de la acentuación y la aplicación correcta de las normas. En realidad, la foto corresponde al texto de una niña de 6 años y 2 meses. Supongo que la primera pregunta que os surgirá será cómo lo ha logrado. En este caso concreto, no ha aplicado una estrategia de recuerdo visual o gestual. Simplemente ha recurrido a la regla de acentuación de las palabras esdrújulas y agudas. Para lograrlo, hemos usado las experiencias enseñadas entre los 3 y los 6 años de edad con las sílabas y su manipulación para permitir el dominio de las palabras.

Si aplicamos metodologías basadas en la conciencia fonológica en los primeros años del aprendizaje, entrenaremos a los niños a ser operadores de sílabas, lo que implica que tengan que ser dominadores de las mismas, de su tonalidad y de su posición. Este hecho los ayudará cuando se produzca el paso a 1.º de primaria y aún no conozcan las reglas de acentuación.

El objetivo es tratar de dotar de una herramienta sonora que mitigue la indefensión ante unas reglas desconocidas hasta dos cursos escolares después. El truco consiste en enseñar patrones sonoros en los que existan tildes. Estas cadencias sonoras se deben entrenar antes de saltar al papel. La manera de realizarlo de una forma estable y constante es la siguiente:

1.º Debemos escribir con el niño el mayor tiempo posible, sin interferir, pero resolviendo las dudas ortográficas y enseñando gestos.

2.º Al aparecer ciertas secuencias estables, debemos indicarles que esos sonidos llevan tilde.

3.º Podemos pasar al papel y escribir para observar la correcta asimilación de esta regularidad.

Esdrújulas: es una secuencia sonora fácilmente identificable y extrapolable a la escritura de un niño de 1.º de primaria. El golpe tónico se produce en la tercera sílaba comenzando desde el final. El niño aprende que, después de ese golpe de sonoridad, deben aparecer dos sílabas más. El paso a colocar las tildes se vuelve sencillo, siempre que marquemos nosotros el patrón.

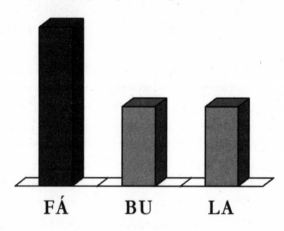

Palabras llanas que acaban en *ía* o *ío*: esta estructura es fácil de establecer y es recurrente en el idioma castellano. Debemos asociar que, cuando la palabra acaba con la fuerza silábica en la *i*, debemos colocar la tilde.

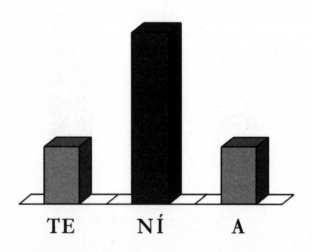

Palabras agudas que acaban en *n*: exactamente igual que en el ejemplo anterior. Para afianzar la memorización y la asociación de la tilde, yo doy un golpe en la mesa simultáneo a la pronunciación de la última sílaba.

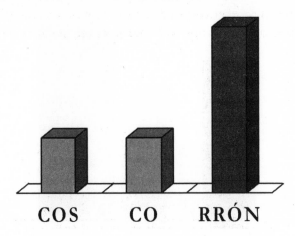

$$\text{COS} \qquad \text{CO} \qquad \text{RRÓN}$$

Palabras agudas que acaban en vocal: La ejecución es igual que las anteriores. Para los niños entrenados en conciencia silábica es fácil reconocer la última posición y asociar la tilde a la presencia de una vocal.

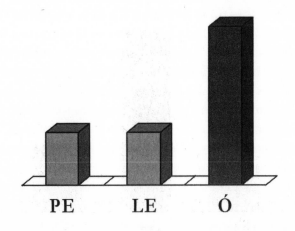

$$\text{PE} \qquad \text{LE} \qquad \text{Ó}$$

Palabras agudas que acaban en *s*: Será nuestra obligación ir enseñando esta estructura fonética para lograr reducir las faltas en las primeras etapas de la escritura.

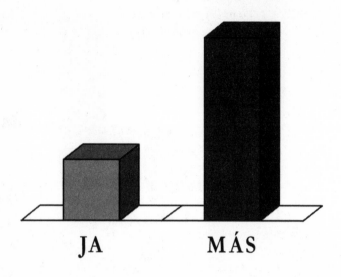

JA   MÁS

En ningún momento debemos explicitar ni explicar las reglas. Solo debemos enseñar patrones sonoros que presenten regularidades en la acentuación. Si aplicamos progresivamente estas enseñanzas, seremos capaces de eliminar un elevado número de errores asociados a la ausencia de las tildes. El único aspecto que deberíamos obviar es la acentuación de las palabras llanas debido a que es, *a priori*, más complicado aislar la sílaba intermedia y aplicar el negativo de una regla: que no acaben en *n*, *s* o vocal. En este caso, deberá ser el adulto el que resuelva la duda al niño y esperar a una mayor madurez para enseñar explícitamente la regla de las palabras llanas.

Es asumible esta concepción de la metodología ortográfica, pero es esencial que las familias conozcan este aspecto de la enseñanza para lograr un mayor impacto en la memorización y aplicación de las reglas de acentuación. De hecho, la posibilidad de individualizar la escritura en los hogares ayudaría a acelerar y provocar este salto cualitativo.

Además, para poder aplicar este procedimiento, debemos haber trabajado actividades en las que el niño tiene que sustituir una sílaba por otra, cambiar la primera sílaba por otra y añadir al final de la palabra una sílaba. Este dominio de la «espacialidad» de las unidades silábicas facilita el acceder de manera individual a una posición dentro de la globalidad de la palabra.

La posibilidad de individualizar los aprendizajes en casa nos va a ayudar a enseñar a identificar los patrones tónicos de las palabras acentuadas y entrenarlo más rápidamente que en la escuela. La búsqueda de patrones fijos de acentuación será una tarea familiar durante los dos primeros cursos escolares.

Aunque se pueden ir presentando las estructuras según vayan apareciendo en el trabajo diario, tanto en clase como en casa, esta secuencia podría ser la adecuada para ir adquiriendo los patrones sonoros aplicados a la sonoridad de las palabras acentuadas:

1.º de primaria Primer trimestre	Esdrújulas y agudas acabadas en vocal. *Ca, co* y *cu* con *c* / *que* y *qui* con *qu.*
1.º de primaria Segundo trimestre	Hiatos en posición final (*ía - ío*) y agudas acabadas en *an, en, in, on* y *un.* Todos los verbos que acaban en *aba* se escriben con *b.* *za, zo* y *zu* con *z* / *ce* y *ci* con *c.*
1.º de primaria Tercer trimestre	Palabras agudas acabadas en *n* y en *s.* Palabras llanas que acaban el *eo: petróleo, etéreo...* Verbos acabados en *ais* y *eis* llevan tilde en la *a* y en la *e.*
2.º de primaria	Acentuación de las palabras llanas.

Este dibujo, realizado por una niña de 6 años y 3 meses, incorpora una tilde que es escrita sin intervención externa.

El siguiente dibujo resume las posibilidades efectivas de esta metodología centrada en la ortografía y su prevención, así como la enseñanza de la lectoescritura con un sentido lúdico, tranquilo y progresivo. Esta niña de 6 años y 8 meses juega a ser doctora y elabora un informe clínico sobre la enfermedad de su padre. En el momento de la realización, estaba acabando el primer curso de primaria. El deseo de escribir surge de la propia niña y no es necesario que le propongamos esta actividad. El interés por realizarla actúa como motivador intrínseco. Dentro de la calidad del texto, destaca la presencia de las tildes, usando la memoria visual en el nombre de su padre y la aplicación de la identificación del patrón sonoro de las palabras esdrújulas en *médico*. El resto de vocablos son escritos correctamente al aplicar las diferentes estrategias que he presentado a lo largo de las páginas anteriores.

EL DICTADO

Una de las medidas que ofrezco cuando enseño mi metodología es la eliminación de los dictados tradicionales como método evaluativo de la ortografía, entendiéndose como la escritura de un texto sin ayuda por parte del adulto. Al presentar esta medida, los oyentes, de manera automática, me preguntan: «¿Y cómo vas a evaluar la ortografía?». La respuesta suele descolocar más que ayudar: «Debemos hacerles elegir la forma correcta, pero sin que la escriban mal». Más adelante, volveré sobre ello.

Los métodos tradicionales para evaluar la ortografía son los de un adulto dictando unas frases para que el niño las escriba sin cometer errores. Normalmente, los dictados están graduados por dificultad y deben respetar que las palabras presentadas respondan a una norma o a una regla que han visto los alumnos. Sin embargo, es complicado que no se introduzcan palabras de las que el niño desconoce la razón de su escritura.

En la guía *Dictados para primaria*, coordinada por Mercedes Ruiz Paz, se presentan unos dictados graduados por edades. En el dictado realizado por Pilar Becerra Montoya, del Colegio Vedruna de Madrid, las frases presentadas son las siguientes:[90]

1. «En primavera nacen muchas flores».
2. «Tengo una máquina de coser nueva».
3. «Mi padre pasa el plumero por los muebles».
4. «Antonia plancha la ropa arrugada».

Todas estas palabras, en las que se pueden cometer faltas de ortografía, las podemos dividir en dos grupos:

Con reglas de ortografía	Sin reglas de ortografía
máquina, En, Tengo, Mi, muebles, nacen, coser y *Antonia.*	*nueva* y *primavera.*

El alumno es capaz de aplicar alguna regla para resolver las palabras de la primera columna:

1. Las reglas de acentuación: *máquina*.
2. Mayúscula al inicio de la frase: *En*, *Mi* y *Tengo*.
3. Mayúscula en nombre propio: *Antonia*.
4. Los sinfones *br* y *bl* se escriben con *b*.
5. El fonema /Ɵ/ responde a las *za*, *ce*, *ci*, *zo* y *zu*.
6. El fonema /k/ responde a las *ca*, *que*, *qui*, *co* y *cu*.

Respecto a la segunda columna, es muy difícil aplicar alguna regla ortográfica. El trabajo consistirá en presentarlas al niño y esperar a que se almacenen en el lexicón. En múltiples ocasiones se transmite la manera correcta de escribir las palabras sin usar el principal canal de almacenamiento de las palabras, la visión.

Según Jesús Mesanza López, «la ortografía se adquiere de la siguiente manera: el 83 % se aprende mediante la vista, el 11 % se aprende mediante el oído y el 6 % se adquiere a través de los otros sentidos».[91] ¿Por qué no usamos estrategias de memorización de corte ideovisual para fijar las estructuras en nuestros niños? ¿Por qué no añadimos un componente gestual como un segundo canal de memorización? La palabra *ver* y su familia semántica pueden ser retenidas en la memoria colocando los dedos índice y corazón formando una V debajo de los ojos.

Imaginaos que, pese a que el adulto ha presentado estas dos palabras a los niños, incluso usando todas las herramientas a su alcance, alguno de ellos, en el examen de dictado, no las recuerda o se le han olvidado. Lo más típico es que levante la mano y pida ayuda al adulto. Si el adulto decide no ofrecerle la respuesta y obliga al niño a tomar una decisión ortográfica, tendrá un 50 % de probabilidades de escribirlas bien. Si toma la decisión incorrecta, la primera fijación en el lexicón será errónea. El adulto puede que haya aumentado la posibilidad de que vuelva a escribirla mal, ya que el nivel de activación de la incorrecta es mayor después de ese error. Pero el índice de error puede ser aún mayor. Imaginémonos que la palabra que se pretende escribir es *vaya*.

3

ESCRIBE LAS SIGUIENTES PALABRAS.

VACA	0 6 NOV 2014 ESCRIBE (S) N RECUERDA (S) N
VASO	1 0 NOV 2014 ESCRIBE (S) N RECUERDA (S) N
CASA	1 1 NOV 2014 ESCRIBE (S) N RECUERDA (S) N
LENTEJAS	1 2 NOV 2014 ESCRIBE (S) N RECUERDA (S) N
NUBE	1 7 NOV 2014 ESCRIBE (S) N RECUERDA (S) N
VTERNES	1 9 NOV 2014 ESCRIBE (S) N RECUERDA (S) N
AVIÓN	ESCRIBE (S) N RECUERDA S /(N)
CASEO	1 0 DIC 2014 ESCRIBE (S) N RECUERDA (S) N

(Figura 1)

142

Existen todas estas posibilidades: *vaya - baya - valla - balla.*
En este caso, la probabilidad de escribirla bien, si el niño desconoce la palabra, es solo de un 25 %. Si la palabra presenta tres fonemas conflictivos, el porcentaje decrece hasta el 12,5 %.

¿Por qué no buscamos una manera más rentable y más sencilla para evaluar la ortografía? La respuesta puede parecer difícil, pero el objetivo es más sencillo. Debemos lograr que el niño no escriba mal la palabra y asegurarnos de su memorización.

En la figura 1 están recogidas una serie de palabras que deseaba evaluar a niños de 5 años, ya que les había enseñado a recordarlas mediante gestos. Yo los llamaba de manera individual a cada uno de ellos y preguntaba con qué letra se escribía esa palabra y la razón de su elección. Una vez elegida la letra, hacía que escribieran esas palabras. Si el alumno me había dado la razón correcta de acuerdo a la estrategia de recuerdo, lo dejaba reflejado rodeando la *s* (*sí*) en la opción de «Recuerda».

Esta experiencia la realicé solo para comprobar la tasa de recuerdo de algunas palabras de las que les había enseñado unos gestos. Sin embargo, puede ser un proceso tedioso en los cursos de primaria. Para tratar de simplificar la tarea, elaboré una segunda manera de evaluación que recojo en la figura 2. En este caso, los alumnos solo debían escribir la letra que faltaba después de que les dijera cuál era la palabra. Yo los iba guiando y, al llegar al hueco, les realizaba la pregunta: «*Vaso*, ¿cómo se escribe, con *v* o con *b*?». Ellos me respondían y la escribían. Aquellos alumnos que no se acordaban del gesto de recuerdo no eran capaces de resolver la duda y me lo decían. Lo más interesante es que no llegan a escribir el error, pero el tutor sí puede registrarlo. En la imagen se observa que esta alumna había reconocido todas las palabras y había sido capaz de recordar la razón de esa decisión. Por ejemplo, en la palabra *vaso*, el gesto correspondiente es formar una V con los dedos índice y corazón, simular un *vaso* y realizar el acto de beber cerca de la boca.

LL/Y V/B	LL_U_V_IA
V/B	V_ASO
V/B	V_IERNES
V/B	V_ASO
C/K/Q V/B	C_ARNA_V_AL
V/B	A_β_UELO
LL/Y	Y_O
LL/Y	A_Y_UDA
C/K/Q	C_OMER ·–
V/B	β_OLA

(Figura 2)

144

La palabra comer fue la única que no sabía escribir porque no recordaba el gesto asociado. En esta palabra, hay que formar una C con la mano y acercar el pulgar a los restantes dedos, simulando que la mano come. La niña no la escribió, yo le recordé el gesto y la trascribió. Reflejé este hecho en la ficha evaluativa, pero la alumna presentó una fijación correcta de la palabra en su memoria visual o lexicón. Podemos usar cualquier clave que nos permita recordar las palabras no memorizadas. Si esta prueba hubiera sido evaluativa, la alumna habría obtenido un 9 sobre 10. La ventaja es que todas las palabras han sido correctamente vistas por ella. Alumnos de 5 años. Alumnos de infantil.

¿Qué no se podrá realizar con alumnos de primaria con mayores capacidades?

Incluso es posible establecer una tercera manera de evaluar con un toque más descriptivo y personal. De cada alumno, se puede establecer la siguiente recogida de datos:

	SÍ	NO	A VECES
¿Pregunta qué letra debe elegir?			
¿Recuerda el gesto de las palabras…?			
¿Recuerda la animación de las palabras…?			
¿Se inventa estrategias de recuerdo?			
¿Te pide trucos de recuerdo?			

Son diferentes maneras de romper con las herramientas tradicionales de evaluación. El objetivo final es dar una calificación, pero me parece útil añadir un componente cualitativo de la misma. Muchas de las maneras de evaluar el dictado que presento han sido criticadas por algunos compañeros porque estas representan una carga de tiempo para el tutor que las convierte en viables en las clases. Es posible que en casa podamos realizar este tipo de actividades, incluso como ayuda o como tareas escolares de ampliación. Sin embargo, os voy a proponer fórmulas más rápidas y directas para evaluar las palabras de un dictado.

Existen dos aplicaciones que podemos utilizar para evaluar la ortografía sin que tengamos que escribir la palabra. Estos dos programas son Kahoot! y Plickers. El niño solo debe responder sí o no a preguntas directas del profesor: «*Barco* se escribe con *b*, ¿sí o no?». Los resultados se procesan en tiempo real, lo que nos permite realizar un barrido ortográfico de forma rápida y aséptica.

La misma actividad puede realizarse de una manera más tradicional usando lápiz y papel. Debemos elegir las palabras que queremos evaluar y dar un papel en el que el alumno deba tomar una decisión de escritura sin mostrar la palabra completa.

Imaginemos que el dictado es el mismo que aparecía en páginas anteriores: «En primavera nacen muchas flores»; «Tengo una máquina de coser nueva»; «Mi padre pasa el plumero por los muebles», y «Antonia plancha la ropa arrugada».

Las palabras que quiero recoger las reduzco de nuevo a *primavera* (1), *nacen* (2), *máquina* (3), *coser* (4) y *muebles* (5).

Si nuestro deseo es dictaminar el conocimiento de las palabras ortográficamente conflictivas, facilitaremos a toda la clase una rejilla de elección múltiple.

1.-	b	v	
2.-	c	z	
3.-	á	a	
4.-	c	k	q
5.-	b	v	

El adulto irá diciendo palabra a palabra. El niño deberá rodear aquella letra que crea que debe elegir entre los pares. Este método resultará muy fácil de corregir para que podamos establecer una nota numérica de una manera rápida y objetiva. Los otros aspectos evaluables podrán ser observados cuando los alumnos escriban redacciones, al corregir sus cuadernos o valorando los escritos espontáneos que nos ofrecen, tanto en casa como en la escuela.

Otra posibilidad es realizar varillas de letras que deberán ser elevadas en el momento en el que el profesor diga una de las palabras. El niño elegirá la varilla de la letra que considera correcta y la levantará simultáneamente al resto de los compañeros. Será rápido anotar aquellos niños que han cometido un error. La manera de evitar que se copien es igual a cualquier examen: mirar y observar al total de la clase.

Existen multitud de herramientas que podemos usar para conseguir fijar las excepciones ortográficas de los niños. En infantil, y solo con un componente lúdico, realizo concursos ortográficos. Para ello, se usan los propios grupos de clase y se nombra a un portavoz, que deberá expresar las respuestas de sus compañeros una vez hayan sido deliberadas. La secuencia es la siguiente:

1. Remarco las reglas del concurso: solo puede decir la respuesta el portavoz, y las deliberaciones deben realizarse en voz baja.
2. Hago la pregunta: «¿La palabra *barco* se escribe con *b* o

con *v?*», «¿qué se coloca al final de una frase?» o «¿cómo se escribe la primera palabra de una frase?».

3. Doy treinta segundos para que el grupo tome una decisión.
4. El portavoz dice la respuesta.
5. Escribimos la palabra en la pizarra.
6. Anotamos los puntos.

Esta manera de hacer las evaluaciones ortográficas no constituye una herramienta individualizada de toma de datos de cada alumno. El objetivo es lograr que vayan construyendo sus imágenes ortográficas progresivamente. Esta práctica permite fijar las palabras ya conocidas y potenciar el trabajo cooperativo. Podemos adornar el concurso utilizando la aplicación Kahoot! con el objetivo de darle un mayor componente lúdico y favorecer el interés y el gusto por la correcta escritura.

Cuando comento la retirada del dictado más tradicional como un modo de evaluar las faltas de ortografía, me suelen acusar de que elimino una herramienta muy útil, ya que los niños aprenden a escribir y a redactar al copiar frases que están correctamente escritas. Yo les respondo que no y doy el siguiente argumento: el dictado tradicional no evalúa la redacción, solo se centra en la escritura correcta de un número de palabras. El resto es mera copia. Si yo deseo comprobar si mis alumnos escriben una serie de palabras de manera adecuada, les pediré que me escriban esos términos concretos. No evalúo redacción, composición o estructuración textual. Evalúo si ha elegido correctamente una letra u otra.

Si, por el contrario, deseo evaluar la redacción, la composición o la estructuración textual, pediré a mis niños que realicen una redacción sobre un tema concreto. Con una salvedad: el adulto podrá resolver las dudas ortográficas, ya que su objetivo es la evaluación del texto como unidad.

Es cierto que transcribir textos en un dictado transmite conocimientos valiosos sobre composición textual, elaboración de frases y trucos de redacción. Lo mismo que la lectura. En este caso, la lectura es fundamental para el desarrollo compositivo del niño y facilitará información esencial sobre el texto, que podrá ser usada cuando los alumnos compongan sus propios escritos.

Si deseo evaluar la ortografía, me centro en las partes concretas de la evaluación: las palabras exclusivamente.

Si deseo evaluar la redacción textual, me centro en el texto. La ayuda del profesor mitigará las carencias ortográficas típicas de las etapas iniciales del desarrollo.

Este escrito, correspondiente a una niña de 7 años, consiste en una redacción en la que se le preguntaba sobre qué cambiaría en el colegio donde estudiaba. Esta redacción es una excelente herramienta para valorar la capacidad de elaboración textual. El error ha consistido en permitirle escribir sin preguntar o sin que tengan la herramienta de decisión ortográfica centrada en el adulto. Las faltas que ha cometido son las siguientes: *guela, vien, abierto, ce* y *zierren*. Solo en esta última, la niña podría haber aplicado una regla ortográfica. En las demás, la toma de decisión responde a dos variables: que la haya visto anteriormente o que la elija al azar. Los otros errores se centran en las reglas que irá aprendiendo en los primeros cursos de primaria, tales como la obligación de escribir en mayúscula al inicio de la frase y el uso de los signos ortográficos. Afortunadamente, este tipo de errores no establecen estímulos incorrectos en el lexicón. Pese a ello, deberemos actuar progresivamente para evitar vicios de elaboración textual.

Para concluir este punto del libro, deseo reflexionar sobre la necesidad real de escribir correctamente y cómo creo que debemos entenderla. Me gustaría plantear dos cuestiones a la hora de analizar la ortografía:

¿Puedo evaluar una parcela que no se completa hasta la edad adulta?

¿Debemos potenciar o controlar solo una evolución constante?

Mi concepción de la ortografía es que no debemos evaluarla. Debemos crearla. Para lograrlo tenemos que permitir la resolución de las dudas en cualquier momento y situación. Si durante un examen de Matemáticas nos pregunta un alumno cómo se escribe una palabra, debemos responderle. No estamos evaluando las letras, sino los números. Yo sigo buscando a día de hoy algunas palabras en el diccionario, dado que recordarlas todas es una ardua tarea. Es cierto que son situaciones puntuales, ya que mi almacén ortográfico presenta las imágenes correctas del principal grupo de palabras que utilizamos la mayor parte de las personas. Siempre habrá una palabra nueva o desconocida con alguna letra que deba dilucidar. No hay que avergonzarse. Recuerdo que, durante mi época escolar, el uso del diccionario fue una actividad recurrente y usada por mis profesores de primaria. Aún tengo cerca un diccionario y ya he pasado la barrera de los 40 años. No necesito que me evalúe nadie. Lo hago yo mismo. Es cierto que podemos valorar ciertos usos de las normas ortográficas porque son inmutables y deben ser automatizadas de manera temprana. Por ejemplo, el empleo de las mayúsculas o el de los signos gráficos. Pero este tipo de procesos son mera interiorización y automatismos de una rutina. De hecho, si no escribo un punto al final de una frase, no memorizaré ninguna imagen ortográfica de las palabras. Son simples acuerdos lingüísticos. Solo debemos incidir desde las primeras frases escritas por los niños en la importancia de este tipo de normas de escritura.

¿Cómo puedo evaluar miles de palabras del castellano? Es complicado, y, tal vez, el hecho de que las faltas de ortografía sean una deficiencia de nuestros alumnos en nuestro sistema educativo nos debería dar la señal de alarma y debería hacernos reflexionar si las herramientas que perpetuamos en el tiempo nos están dando los resultados deseables. Algunos sectores nostálgicos del pasado argumentan que las generaciones anteriores sufrían menos carencias formativas. Por higiene mental y profesional, no suelo dar demasiada verosimilitud a estas aseveraciones. La generalización de resultados suele pecar de un componente nostálgico. Es habitual que lo anterior sea enturbiado por las nuevas generaciones. Solemos decir que antes sabíamos más y mejor de todo. Supongo que esa afirmación se basa en el análisis de la clase en la que estudié y en las evaluaciones de mis compañeros de aula. No creo que, cuando éramos niños, revisáramos informes del Ministerio de Educación sobre los resultados académicos de nuestro país. Si os soy sincero, solo recuerdo mis calificaciones; de las evaluaciones del resto de mis amigos de la escuela recuerdo poco o nada. Esta idea, que suele configurarse como otra cabeza de turco, no debe enturbiar nuestras iniciativas. Mi forma de atajar las faltas no responde a una necesidad de revertir una supuesta tendencia a la baja de la ortografía, sino a solucionar una problemática de nuestra época, que queda remarcada por las conversaciones que mantengo con los profesores de primaria. No debemos actuar para recuperar viejas situaciones educativas, sino para solucionar nuestras problemáticas de la escuela del siglo XXI.

Si, después de ofreceros una elevada cantidad de alternativas al dictado tradicional, os parece que ninguna cumple vuestros requerimientos de evaluación, trataré de acercarme yo a vuestras posiciones. Vamos a realizar un examen más tradicional. Hemos revisado las palabras que nos disponemos a presentar a nuestros niños durante toda la semana. Incluso en casa podemos realizar este tipo de dictado. Llega el día de la prueba. Los niños separan sus pupitres y comienzan las típicas retahílas de los adultos sobre no mirar al compañero y sobre las reglas del proceso. Llega el momento de empezar, y, a las pocas palabras, un niño nos pregunta cómo se escribe una de ellas. Si queremos evaluarlo, debemos permitir que escriba algo para que nosotros podamos concretar el conocimiento de una palabra. Este es el error. No hace falta que el niño escriba nada. No lo sabe. Nos lo ha preguntado. Esa es la mejor prueba de que desconoce su escritura. Tenemos una doble opción: la primera es que se arriesgue, y la segunda es que se lo digamos. Si elegimos la primera, optamos por el azar y nos arriesgamos a fijar una mala imagen ortográfica. Si escogemos la segunda, no estamos realizando un dictado. Esta encrucijada es la que miles de tutores deben abordar diariamente en sus clases. Pero ¿y si hubiera una tercera manera de abordarlo?

La tercera opción es que aquel niño que pregunte al adulto qué letra ha de elegir debería escribir la palabra del dictado, pero sin añadir la letra discordante. Esto requiere de un entrenamiento previo. Nadie escribe sin saber. El hueco de la palabra al eliminar la letra desconocida impide fijar mal las palabras, y a nosotros nos facilita la evaluación. Después, corregiremos todas las palabras conjuntamente con aquellos niños que han olvidado esas letras. Si las hemos trabajado previamente, se puede presuponer que no deberían ser muchos. Esta es una manera rápida y grupal de obtener valores ortográficos sin interferir negativamente en el lexicón.

4. La función preventiva

LA PREVENCIÓN DE LOS ALUMNOS

El conocimiento de las fases del desarrollo de la lectoescritura nos permite situar evolutivamente a cada niño en función de lo esperado para su edad cronológica. Si sabemos qué debe producir un niño en cada una de las fases de la conciencia fonológica, podremos actuar estimulando y potenciando esas habilidades.

La prevención interviene en todos los niños, pero especialmente en aquellos que serán diagnosticados en el futuro con dislexia u otro trastorno lector. Para definir la dislexia voy a utilizar la definición de Vellutino por una razón: no incorpora en su definición la condición de empezar a leer para ser diagnosticado. Ya hemos visto que la conciencia fonológica es el principal indicador fiable del futuro éxito lector, no la educación, ni la inteligencia, ni otras variables tradicionalmente asociadas a la evolución lectora. Tal vez un profesor no sepa definir si un niño es disléxico, pero sí sabe discernir que un niño de 6 años que sea incapaz de silabear presenta, *a priori*, un porcentaje elevado de padecer algún tipo de trastorno lector. Y si sabemos que la evolución es inadecuada, podremos tomar dos medidas: elaborar un protocolo de intervención e informar a las familias para que comencemos a trabajar conjuntamente.

Vellutino dice esto respecto a la dislexia: «Las dificultades que muchos niños experimentan para la adquisición de la lectura se deben a déficits en el procesamiento del lenguaje a niveles semánticos, sintácticos y fonológicos».[92]

La prevención lectora de los niños debe ser una prioridad en las escuelas y en las familias españolas, debido a que la simple elaboración y la puesta en marcha de programas de entrenamiento en conciencia fonológica, conocimiento de las letras y velocidad de denominación contribuirán a que los niños sin dificultades logren un desarrollo ajustado y ayudarán a los alumnos con dificultades con una intervención temprana que ahorrará tiempo y normalizará la lectoescritura antes de que las primeras intervenciones en primaria lleguen a comenzar. No es tan descabellado involucrar a los padres en estos programas de estimulación prelectora. Cuando nos reunimos con las familias, les damos orientaciones, ideas y consejos. ¿Por qué no facilitarles actividades para desarrollar la conciencia fonológica desde los 3 años?

En esta línea de pensamiento se posiciona Bravo (2004) al indicar que «el desarrollo de la conciencia fonológica debería ser un objetivo de los programas de infantil, de modo que al ingresar al primer año, los niños tengan un desarrollo fonológico satisfactorio para aprender a decodificar».[93]

Autores como Fresneda y Díez (2018) son más críticos con el inmovilismo para implementar estas metodologías: «A pesar de las evidencias que presenta la conciencia fonológica en la adquisición del lenguaje escrito no se observa en las aulas de los primeros años escolares una implementación de intervenciones pedagógicas dirigidas a desarrollarla».[94] Por supuesto que, si no se implantan por los profesores, las familias y sus hijos no podrán beneficiarse del entrenamiento en los prerrequisitos lectores.

Juan Jiménez y Ceferino Artiles (1990) optan porque «este planteamiento debe hacerse extensible a la práctica educativa en preescolar, donde se consideran los aspectos perceptivo-motrices y espaciales como prioritarios...».[95] Debemos desterrar la idea de los aspectos perceptivos como la causa prioritaria en la intervención terapéutica y preventiva.

De hecho, ya comentamos que la acción en conciencia fonológica aumenta la activación del hemisferio izquierdo, mejorando y aumentando la fluidez lectora.

Es nuestra obligación detectar y comenzar los programas de prevención, porque son más intensos y potentes los cambios cerebrales de la circunvolución temporal superior posterior izquierda cuando son realizados de manera temprana y planificada. Esta zona es la encargada de los procesos fonológicos.

Es vital darse cuenta de que la intervención es más efectiva cuanto más temprano se realiza y, más concretamente, cuanto más pequeños sean entrenados los niños.

Estos autores nos abren los ojos a una realidad que vemos en muchos colegios, no por dejadez de sus profesionales, sino por un desconocimiento de las propiedades y de las repercusiones educativas que presenta la conciencia fonológica. Para valorar las implicaciones educativas de no aplicar programas de estimulación de la conciencia fonológica en la etapa de infantil, os propongo el siguiente recorrido de un niño en sus primeros años escolares. En la etapa infantil tenemos un grupo de alumnos que parece que no siguen un desarrollo normalizado en la adquisición de la lectoescritura. En 4 años pensamos que puede ser provocado por una inmadurez general. Al siguiente año, los avances no se producen y el niño pasa a primaria pensando que será en la etapa obligatoria cuando este dará el salto. Pero tal evolución no se produce. Acaba el curso y pasa al 2.º curso de primaria sin dar el tan esperado inicio. Se propone realizar un protocolo de actuación que se pasa al equipo de atención. Antes de que acabe el curso, se le valora. Será en 3.º de primaria cuando el niño comience a recibir tratamiento por parte de los profesionales al ser diagnosticado de dislexia. En ocasiones, la Administración obliga a esperar dos cursos de retraso curricular para poder otorgarle la etiqueta de «disléxico». ¿Y si supiéramos valorar las señales que nos brinda el desarrollo de la conciencia fonológica? ¿Y si los padres y madres apoyan en casa con actividades de análisis sonoro de las unidades lingüísticas? Vamos a realizar este viaje tomando una vía diferente.

Tenemos el mismo niño en infantil y percibimos una serie de datos que nos hacen creer que no existe un desarrollo ajustado a lo esperado. En el curso de infantil, nos damos cuenta de que, pese a su edad, no es capaz de realizar segmentaciones de sílabas ni manipulaciones de las mismas. Al realizar estos ejercicios con toda la clase en la asamblea, comprobamos que no estamos logrando los objetivos marcados. Decidimos hablar con los padres para informarles sobre la discrepancia en el desarrollo y para facilitarles actividades y materiales con los que poder estimular el desarrollo de la conciencia silábica. Cuando llegamos al final del curso, logramos que el niño segmente de una manera más competente. Al pasar al último año de educación infantil, hemos conseguido el desarrollo del silabeo, pero le cuesta todo el curso dar el salto en la escritura. Nos centramos en las letras y sus fonemas para que adquiera y automatice el conocimiento de las asociaciones grafemas-fonemas. Al pasar a primaria, no hemos logrado que lea, pero sí hemos conseguido la segmentación silábica y que conozca las letras. Es nuestra obligación informar a los tutores de 1.º de primaria de la evolución del alumno y de las medidas adoptadas. Se deberían realizar actividades de segmentación, integración y síntesis fonológica. En caso de que el alumno no consiga estar al mismo nivel que sus compañeros, habremos efectuado una prevención y una intervención educativa casi tres años antes que si hubiéramos esperado un diagnóstico clínico.

El hecho de aplicar programas de estimulación no implica que consigamos eliminar ni normalizar a algunos niños con cuadros desajustados de desarrollo, pero sí hemos entrenado y avanzado en el desarrollo de la conciencia fonológica. Es mejor intervenir que esperar un desarrollo espontáneo.

Expertos como Loningan, Burgess, Anthony y Barker defienden que la estimulación puede comenzar desde los 2 o 3 años. [96] Este hecho, si lo aplicamos, dota de un margen de intervención holgado para lograr avances en alumnos que en el futuro puedan sufrir algún tipo de trastorno lectoescritor. Para lograr estimular, identificar, prevenir y potenciar a los niños y a la lectoescritura desde las primeras etapas del desarrollo, podemos crear nuestro propio material o utilizar materiales que podemos encontrar en el mercado.

HERRAMIENTAS Y MATERIALES PARA DETECTAR, PREVENIR FUTUROS PROBLEMAS LECTORES Y ESTIMULAR LOS PRERREQUISITOS LECTORES

¿Cuáles son los indicadores más activos en la primera etapa de nuestros niños?

A partir de los 4 años de edad, existen unas alarmas que debemos saber «interpretar» para poder actuar de manera precoz y efectiva.

— Dificultad para aprender las letras y sus sonidos.
— Dificultad para silabear palabras sencillas.
— Pobre lenguaje verbal.
— Pobre memoria auditiva.
— Incapacidad para detectar las rimas.
— Dificultad para nombrar objetos cotidianos.
— La escritura puede presentar desajustes, ya que no pasa por las fases de desarrollo normalizado.
— Tardía aparición del lenguaje verbal.
— Problemas generalizados con el lenguaje.

Pese a ello, estas indicaciones pueden ser menos potentes que pruebas estandarizadas y más adaptadas a la experiencia clínica.

A continuación, presentaré una serie de test que pueden ayudarnos a precisar los riesgos de cada lector. Las pruebas se pueden administrar a partir de los 4 años de edad. Los autores valoran la necesidad de detección precoz para comenzar cuanto antes las medidas preventivas de grupos, así como las medidas individuales de intervención.

1.ª Test de detección temprana de las dificultades de lectura y escritura

Esta prueba gratuita de Fernando Cuetos, elaborada en el año 2015, da un resultado sobre los riesgos futuros de desarrollo lector. Se puede administrar desde los 4 años de edad y presenta una alta fiabilidad y correlación. Las seis pruebas que aplica son:

1.ª Discriminación de fonemas: debe decir si dos pares de palabras son iguales o diferentes. Entre ambas palabras existe solo un cambio de un sonido.
2.ª Segmentación de sílabas: debemos partir palabras en sílabas.
3.ª Identificación de fonemas: el niño debe buscar el fonema /r/ dentro de varias palabras e indicarlo.
4.ª Repetición de pseudopalabras: debemos repetir varias palabras que no existen en el castellano.
5.ª Repetición de dígitos: el mismo proceso que en la anterior prueba, aunque con números.
6.ª Fluidez verbal: debe decir el mayor número de animales.

El test, con un máximo de 30 puntos, establece y encuadra a cada niño dentro de una predicción futura. Esta herramienta es positiva porque no etiqueta al niño, pero nos alerta sobre las futuras implicaciones si no ponemos en marcha las medidas necesarias.

VASO / VIERNES / HOLA 5 años / 6 meses	E II5 PILA	ROSA PILA
Edad: 5 años y 5 meses	Edad: 4 años y 10 meses	Edad: 4 años y 7 meses
Este niño no presenta dificultades de escritura, incluso evita las faltas de ortografía. Este test y la realización de esta escritura evolucionada nos indican que el progreso es muy positivo.	La escritura de este niño se aleja de los estándares de la etapa de la escritura silábica. Aparecen letras que no existen en la palabra y escribe de manera lenta.	Este niño presenta un mínimo riesgo futuro. La escritura es avanzada y característica de la siguiente etapa de la conciencia fonológica: la fonémica. Es capaz de segmentar todos los fonemas.
Resultado: 25/30 Normal.	Resultado: 17/30 Dificultades leves.	Resultado: 30/30 Normal.

No es necesario que esta prueba la pasemos a todos los alumnos, ya que el dato más significativo es que el niño siga todas las fases y las etapas de la conciencia fonológica. En caso de duda es cuando debemos dedicar unos minutos para evaluar. Pese a que el test está indicado para maestros, la facilidad y claridad de las instrucciones nos pueden servir en caso de que tengamos dudas sobre el devenir lector de nuestros hijos.

Solo debo añadir una recomendación sobre la aplicación de dicha prueba. En la primera tarea de discriminación de fonemas, os recomiendo que os tapéis la boca con la mano para asegurarnos de que la respuesta se debe a la escucha de las palabras y a que el niño haya visto cambios visuales en nuestros labios al decirle las palabras.

2.ª Protocolo de detección y actuación en dislexia para infantil
(Araceli Salas, Esther Gómez, Helena Alvarado,
M.ª Ángeles, Neus Martorell y Sara Sancho)

Este protocolo cuenta con 23 ítems sintomatológicos y, a diferencia del anterior, presenta una valoración de aspectos conductuales y emocionales. Las posibles respuestas a cada ítem son: «sí», «no» y «s. e.» (sin evidencias). Esta herramienta facilita diferentes estrategias de intervención y sencillas formas de estimular el desarrollo lector.

La dificultad radica en que, en función de las respuestas que dé el niño, no se establece un resultado que otorgue al profesional un dato concreto. Es una herramienta cualitativa más que cuantitativa, como el caso del test de Fernando Cuetos. Debe ser el profesional quien analice dichos datos y valore globalmente toda la información recogida.

Existe un protocolo para cada etapa educativa: uno para cada ciclo de primaria, uno para cada ciclo de secundaria, otro para el bachillerato y otro para los diferentes grados de F. P.

Es interesante aplicar los dos test que os he presentado para tener una visión más global y concreta de cada alumno.

Como hemos comentado en varios momentos de este libro, la intervención en conciencia fonológica es la mejor de las recetas para intervenir en el desarrollo lector.

Sin embargo, si nunca hemos realizado actividades para potenciar estos prerrequisitos lectores, es posible que podamos sentirnos desorientados y sin la necesaria disposición de actividades por edades. Os presentaré varios acercamientos que nos pueden ayudar en los primeros pasos de esta nueva manera de enfocar la lectoescritura.

1.º Jugando con los sonidos (ed. Caligrafix, 2016). Este conjunto de tres libros, adaptados por edades, nos permitirá tener una secuencia estructurada y con material impreso para potenciar las diferentes etapas y procesos de la conciencia fonológica. Es un material completo y, como primer acercamiento para entrenar a nuestros hijos, un libro muy recomendado.[97]

2.º Materiales para trabajar las habilidades fonológicas (equipo de audición y lenguaje CREENA). Este material, elaborado por el Centro de Recursos de Educación Especial de Navarra, nos facilita unos sencillos ejercicios para potenciar la conciencia fonológica desde las primeras etapas del desarrollo lector. Son fáciles de aplicar y podemos usarlos, al igual que la propuesta anterior, en la escuela y en casa.[98]

3.º PEC-FONO (Eugenia Romero Parejo). Este material, menos ambicioso que los anteriores, presenta unos materiales centrados en la conciencia fonológica. Puede ser un elemento accesorio y complementario a materiales más completos.[99]

4.º Programa «Comunicarnos» (Belinda Haro Castilla). Este material, alojado en la web http://siembraestrellas.blogspot.com, facilita actividades quincenales. Trabaja de manera secuenciada el lenguaje oral y las habilidades lectoras.[100]

5.º Método VOVIP. Este método, creado y desarrollado por mí desde el año 2010, facilita materiales fotocopiables para practicar la conciencia fonológica, una herramienta ideovisual para aplicar, desde los 5 años de edad, abecedarios fonéticos, juegos informáticos, carteles para reforzar la ortografía y una serie de vídeos para potenciar la velocidad de denominación. [101]

Si deseamos prevenir desde las primeras edades y analizar la futura evolución lectora del alumnado, debemos dominar las fases de la conciencia fonológica y actuar de una manera coordinada con las familias.

En este libro presento actividades secuenciadas de naturaleza sonora que podemos realizar en clase y en casa para estimular el análisis fonológico. Es una orientación sobre la que podemos modificar o crear actividades nuevas. Cualquiera de nosotros podrá reelaborar, modificar o crear nuevas actividades para potenciar el aspecto del análisis fonológico y de la conciencia fonológica.

Es importante que pongamos en nuestras clases y hogares un protocolo de actuación que englobe tres realidades:

1. Familia.
2. Actuación educativa.
3. Seguimiento.

La familia

Las familias suelen sufrir el «síndrome de la lectura», que consiste en padecer una incertidumbre innecesaria ante la aparición y desarrollo de este aprendizaje en sus hijos. Una de las causas que interfiere en su normalización es la comparativa con otros compañeros o niños. Los tutores y profesionales de la enseñanza debemos desterrar este tipo de patrón evaluativo de las mentalidades de las familias de este país. Incluso, en ocasiones, las comparativas se realizan con compañeros de la misma clase con los que el sujeto presenta varios meses de diferencia.

¿Cómo podemos eliminar esta conducta tan enraizada en nuestras familias? La solución es sencilla. Debemos enseñar a los progenitores las etapas de desarrollo de la lectoescritura para que puedan valorar objetivamente el momento evolutivo de su hijo respecto, no a sus compañeros, sino al desarrollo estandarizado.

La función tranquilizadora de los tutores debe fundamentarse en datos reales, y la explicación debe permitir que los padres acepten la realidad exacta de sus hijos. Es esencial que las familias sean partícipes de los conocimientos relacionados con este aprendizaje instrumental.

En caso de que las producciones escritas de nuestros alumnos sean desajustadas y las operaciones con los sonidos no sean las esperadas, debemos poner en marcha un programa de intervención de la manera más precoz con el fin de minimizar el futuro impacto.

La actuación educativa

Las medidas educativas que llevaremos a cabo al detectar un posible desajuste evolutivo deben centrarse en dos ejes principales:

Información a las familias: la comunicación rápida a las familias va a permitir controlar y aceptar la realidad de nuestros hijos y recibir una respuesta fundamentada que tranquilice a los progenitores. Es importante que no alertemos a las familias realizando juicios futuros sobre la evolución lectora, pero sí es necesario que sepan que el desarrollo no sigue los cursos normalizados de la conciencia fonológica. Es esencial que los padres no reciban informaciones tranquilizadoras si no estamos seguros de su evolución, ya que, años después, su hijo puede ser diagnosticado de algún tipo de trastorno de la lectoescritura, con el consiguiente enfado de las familias al no haber sido advertidas en momentos previos.

Es más justo saber que existen ciertos procesos que parecen indicar un desajuste evolutivo. Este hecho obliga a los tutores a ser previsores y a estar expectantes al devenir lector de su alumnado. No es cuestión de diagnosticar, sino de poner en situación a los padres. Si en un futuro próximo un alumno es diagnosticado de dislexia tras ser evaluado por los profesionales responsables, habremos conseguido dos objetivos: por una parte, haber iniciado un programa de desarrollo de los prerrequisitos lectores y, por otra, haber suavizado la aceptación de las familias de la situación de sus niños, debido a que, ya en la etapa de educación infantil, los tutores les habían comentado que el desarrollo lector en sus hijos presentaba ciertas peculiaridades.

El siguiente eje se refiere a las actuaciones concretas que pondremos en marcha en el aula o en el hogar. Después de valorar el desajuste de nuestros alumnos en la evolución de la conciencia fonológica, debemos iniciar acciones concretas. El hecho de comenzar desde los 3 años programas de estimulación, permite reforzar y potenciar la conciencia fonológica en todos los alumnos desde la misma génesis de la lectura. Para los casos que, pese a ello, no hayan logrado los objetivos marcados, debemos aplicar medidas extra:

— Facilitar las actividades a las familias para favorecer el trabajo en casa.
— Individualizar el trabajo en el aula.
— Iniciar un protocolo de actuación para que el niño aparezca como posible beneficiario de las actuaciones del especialista de audición y lenguaje del centro en el que esté escolarizado.

Seguimiento

El último paso de nuestra actuación educativa debe basarse en el seguimiento de aquellos alumnos que nos generaron dudas sobre su devenir en la lectoescritura. Este planteamiento responde a varios objetivos:

— Observar las predicciones que hemos realizado.
— Detectar el grado de afinación de nuestra evaluación del futuro éxito lector.
— Perfeccionar nuestras nociones y conocimientos sobre los prerrequisitos lectores.

En mi práctica docente, me reservo tiempos para hablar con las familias cuyos hijos fueron alumnos míos. En aquellas familias con hijos que fueron susceptibles de presentar algún tipo de retraso en la lectoescritura, realizo un seguimiento informal mediante preguntas a los padres.

La principal acción educativa debe centrarse en la elaboración, incorporación y ejecución de programas de intervención en los tres pilares de predicción de la lectoescritura: la conciencia fonológica, el conocimiento de las letras y sus sonidos y la velocidad de denominación.

González, Cuetos, López y Vilar (2017) afirman que

[...] para mejorar las estrategias de aprendizaje de la lectura y para prevenir las dificultades tempranas de la misma, se debe trabajar la conciencia fonológica y la velocidad de denominación desde los primeros cursos escolares de manera directa, explícita, sistemática e intensiva, pero al mismo tiempo, con elementos lúdicos y multisensoriales.[102]

Los recursos de apoyo que podamos facilitar a los lectores que comienzan a aprender a leer, especialmente si presentan problemas en el aprendizaje, son pocos si con ellos logramos ayudarlos. Luz Rello afirma que

[...] «trabajaba demasiado cuando era niña. Trabajaba por la mañana, por la tarde e incluso por la noche, después de cenar. Y aunque trabajaba muy duro, los resultados seguían siendo los mismos: suspenso o "necesita mejorar"».[103]

Para terminar, usando las palabras de mi querido Aníbal Puente Ferreras como resumen,

[...] el entrenamiento lector es un proceso a largo plazo. No es una tarea maratoniana que debe cubrirse exclusivamente en las fases de alfabetización. Por el contrario, el camino es lento y progresivo. Abarca todo el periodo de formación, máxime si queremos entrenar personas con capacidad para «aprender de forma independiente».[104]

CASOS PRÁCTICOS

El hecho de conocer las etapas del desarrollo de la conciencia fonológica permite al profesional saber cuál es la secuencia normalizada del aprendizaje de la lectoescritura y poder comunicarlo a la familia para coordinar los esfuerzos y las medidas educativas. Esta nueva situación va a empoderarnos, ya que podremos comenzar a valorar la evolución ajustada de cada niño respecto al desarrollo de esta capacidad. Aún más importante, seremos capaces de evaluar desvíos normativos y comenzar a implementar, de manera precoz, los programas de entrenamiento en conciencia fonológica, tanto en clase como en el hogar. Es este punto el verdaderamente esencial. No debemos esperar a 2.º de primaria para comenzar a intervenir, sino que lo hacemos desde la propia génesis del aprendizaje, en los primeros momentos. Antes incluso de coger un lapicero por parte de nuestros niños. Por primera vez, la palabra *prevención* adquiere su completa dimensión, especialmente en aquel alumnado que en el futuro será diagnosticado de dislexia o de cualquier trastorno lector. Desde los 4 o 5 años de edad, este tipo de niños van a dar señales de alerta que comenzamos a reconocer cuando dominamos la naturaleza de la conciencia fonológica. La importancia es enorme debido a que muchos niños disléxicos no llegan a desarrollar habilidades de segmentación sin intervención por parte del adulto.

Sin lugar a dudas, la prevención pasa por la intervención sobre los prerrequisitos de la lectoescritura para toda la población escolar, incidiendo en aquellos niños con mayores indicadores de algún tipo de dificultad en las operaciones con las unidades sonoras del lenguaje. Es importante, de cara a prevenir de manera temprana, plantearnos una serie de reajustes de nuestras ideas sobre la lectoescritura.

— Descartar la condición previa de que el niño debe iniciar la lectoescritura para ser diagnosticado de algún retraso o dificultad lectora. Las operaciones sonoras con las sílabas y los fonemas son las mejores herramientas evaluativas en las primeras etapas.
— No centrarnos en los aspectos visoperceptivos como el único y principal pilar de la intervención. Estas variables deben ser trabajadas y potenciadas en la escuela y en casa, pero como cualquier otra variable del desarrollo, no como una herramienta preventiva.

En las próximas páginas ofrecemos una serie de casos prácticos reales para que comencemos a poner en práctica nuestra capacidad de análisis y de evaluación del alumnado.

Alumno I. C. A. (5 años)

Características:

1. Es un niño que presenta dificultades en la segmentación silábica, cometiendo errores en palabras bisílabas y superiores.

2. Su hermano mayor, de 8 años de edad, ha sido diagnosticado de dislexia.

3. Hay ausencia de errores en la prueba de discriminación fonológica: esta herramienta pregunta al niño si dos palabras son iguales o diferentes. Los estímulos presentados pueden ser palabras iguales o palabras con una diferencia en uno de los fonemas (*cana/cama*).

Evaluación:

La presencia de una dificultad de segmentación silábica en palabras de dos sílabas al final de la etapa correspondiente es un indicador que debemos vigilar, aunque podemos valorar la necesidad de esperar unos meses. Sería positivo comenzar a realizar actividades de segmentación silábica para evitar futuros retrasos en la lectoescritura. Como en todo desarrollo, algunos niños alargan los aprendizajes y solo debemos ser receptivos a su evolución. La ausencia de errores en la prueba de discriminación fonológica indica que el niño no parece presentar dificultades a nivel fonológico y/o de discriminación auditiva.

Prevención:

De cara a la intervención preventiva de este alumno, podemos plantear las siguientes directrices:

1. Hablar con las familias y comentar la situación actual de su desarrollo.

2. Planear actividades de segmentación de las sílabas de las palabras.

3. Utilizar juegos de puzles silábicos.

4. Encontrar palabras que comiencen, contengan o que acaben con una sílaba concreta.

5. Jugar al veoveo silábico. Por ejemplo: «Busca una palabra que comience con la sílaba *ma*».

6. Juegos de transformación. Por ejemplo: «Si cambio la letra *x* por la letra *y*, ¿qué palabra obtengo?».

7. Juegos de unir sílabas. Por ejemplo: «Si junto la sílaba *se* y la sílaba *ta*, ¿qué palabra obtengo?».

Seguimiento:

Este caso se resolvió de una manera muy rápida. La madre comenzó a realizar todas las indicaciones que le presenté en los trayectos al colegio, y, transcurridos dos meses, el niño se situó al ritmo y al nivel esperados para su edad.

Alumno R. R. C. (6 años y 11 meses)

El siguiente alumno ya se encuentra en una edad avanzada y debería dar muestras de un asentamiento de las bases de la lectoescritura.

Características:

1. Es un alumno con dificultades de segmentación silábica en palabras trisílabas y superiores.

2. No ha sido realizada ninguna demanda desde educación infantil.

3. Comete un 40 % de errores en la prueba de discriminación fonológica. Esta prueba es administrada en la etapa de educación primaria.

4. Es incapaz de segmentar y manipular unidades fonéticas, tales como cambiar un fonema por otro.

5. No se han detectado casos en su familia de dislexia.

6. La escritura de este alumno se caracteriza por una estructura silábica y una lentitud severa en su ejecución.

Rosa   *Pato*

Evaluación:

Mi conclusión al analizar a este niño fue que debía ser evaluado y que se debería realizar un protocolo de actuación, ya que, aunque cada niño lleva un ritmo de aprendizaje, presenta unos indicadores de alerta. El más significativo es la dificultad para segmentar sílabas de más de tres unidades. Es esencial hablar con las familias para explicarles en qué momento se encuentra su hijo y qué deberíamos esperar de él.

Prevención:

1. Debemos recabar información de la tutora de infantil.
2. Hablaremos con las familias e informaremos sobre la situación actual.
3. Se debe iniciar un protocolo por parte de la tutora.
4. Juegos de segmentación silábica.
5. Cambiar una sílaba por otra.

Una vez que consigamos que el alumno realice las actividades con las sílabas, podremos pasar a realizar las actividades de conciencia fonémica.

6. Juegos de segmentación fonológica.
   a. Veoveo sonoro. Por ejemplo: «Busca una palabra que comience con el sonido /ssssssss/».
   b. Juegos de encadenar palabras cogiendo el último sonido y empezando con ese mismo fonema.
   c. Juegos de transformación fonética.
   d. Juegos de unir sonidos. Por ejemplo: «El conjunto /s/, /e/, /t/ y /a/, ¿qué palabra forma?».

e. Comparar si dos palabras comienzan o acaban por el mismo sonido.

Seguimiento:

Este alumno tardó unos meses en lograr adquirir las habilidades, pero, a los seis meses, consiguió iniciarse en la lectoescritura, y su evolución fue positiva. El hecho de valorar la necesidad de intervenir precozmente pudo abortar cualquier posible retraso en su desarrollo y generar situaciones de desamparo.

Alumno C. R. M. (4 años y 11 meses)

El siguiente alumno es posible que se halle en un estado de escaso desarrollo de los prerrequisitos lectores, aunque puede cursar sin dificultades en los próximos meses. Al no haber superado los 5 años, se encuentra en una fase en la que debemos ser precavidos y no exagerar el futuro del mismo.

Características:

1. No presenta dificultades de segmentación silábica.

2. No es capaz de escribir palabras, incluso con una segmentación de los fonemas trazada por el adulto.

3. Presenta una escritura de la etapa silábica con errores y con omisiones de sílabas.

4. Parece tener dificultades de audición, ya que tarda en responder a nuestras llamadas.

5. Desconocimiento de muchas letras y de sus sonidos asociados.

Evaluación:

La presencia de presuntas dificultades de audición es un factor que debemos descartar para evitar futuros problemas en la lectoescritura. Es importante mantener sobre este niño una vigilancia permanente.

Prevención:

1. Hablar con las familias y avisar sobre la situación actual.

2. Remitir al pediatra para descartar posibles problemas de audición.

Seguimiento:

Este alumno no presentó problemas de audición. Su desarrollo fue normalizado, no presentando dificultades en lectoescritura.

Alumno J. F. M. *(6 años y 8 meses)*

El siguiente alumno presenta unas características que parecen indicar un problema futuro en lectoescritura debido a que comienza a sobrepasar los límites orientativos de la conciencia fonológica.

Características:

1. Presenta dificultades de segmentación silábica a partir de tres sílabas.

2. Su escritura no se aproxima a la fase alfabética.

3. Es incapaz de operar con los fonemas de manera aislada. No es capaz de segmentarlos ni de manipularlos.

Evaluación:

Este niño se caracteriza por un desfase entre su estado actual y las diferentes fases de la conciencia fonológica. Este alumno puede representar el prototipo de un niño para el que se ha retrasado demasiado el poner en marcha medidas preventivas debido a que aún no ha completado la enseñanza de la lectoescritura. No podemos afirmar que el niño tenga algún trastorno lector, pero presenta ciertas características que podrían ajustarse a ese perfil. Lo esencial es que este niño puede recibir tratamiento, aunque no podamos incluirlo en el programa de P. T. y A. L. por no mostrar un desajuste curricular de dos años en lectoescritura. Sin embargo, lo que sí podemos llevar a cabo es una intervención que mitigue futuras lagunas y evitar una posible grieta en su desarrollo escolar.

Sapo, anillo, cangrejo (arriba), zorro, chapa y yogur (abajo).

Prevención:

1. Debemos hablar con las familias y marcarles una línea de actuación y una presentación de la situación de su hijo.

2. Elaborar un protocolo de actuación.

3. Facilitar juegos silábicos y un abecedario fonético.

4. Comenzaremos a realizar juegos de manipulación silábica.

5. No empezaremos a practicar juegos de manipulación fonética hasta que no domine las actividades de naturaleza silábica.

6. No debemos iniciar la escritura de textos hasta observar un salto a una etapa de escritura alfabética.

7. Puede ser conveniente realizar una adaptación curricular significativa en la asignatura de Lengua española.

Seguimiento:

Este alumno se fue del centro al finalizar el curso escolar, por lo que no podemos establecer cuál fue la evolución del mismo.

Esta alumna se caracteriza por presentar una diferencia crucial frente a los otros casos presentados hasta el momento. Os reto a ser capaces de descubrirla.

Características:

1. Alumna que segmenta y manipula sílabas y fonemas sin dificultades.
2. Escritura alfabética: las omisiones se han reducido al mínimo.
3. Es capaz de leer con un silabeo residual no significativo.

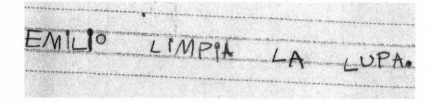

Evaluación:

Si habéis pensado que a esta alumna no le ocurre nada destacable, estáis en lo cierto. Esta niña presenta un desarrollo normalizado e incluso avanzado para su edad cronológica. Este ejemplo está incorporado para visibilizar el hecho de que, si conocemos las fases del desarrollo de la conciencia fonológica, podremos situar dentro de un plano evolutivo y normativo a todos los niños a los que impartamos clase.

Prevención:

1. Estimular su escritura con actividades motivantes.
2. Vigilar la ortografía y facilitar recursos nemotécnicos.

Además de analizar las características de manipulación de las unidades silábicas y fonémicas, existe un segundo sistema para valorar el nivel y ajuste al desarrollo de la conciencia fonológica y el conocimiento de las letras. Consiste en analizar pequeñas muestras de escritura para evaluar el tipo de codificación que realiza el niño. A partir de los 4 años, se puede comenzar a registrar la escritura de palabras aisladas. Pasados varios meses, les volveremos a pedir que escriban las mismas palabras. De esta forma, podemos valorar el avance, el perfeccionamiento y el paso de una etapa a otra dentro de la conciencia fonológica. Estos dos casos ejemplificarán mis explicaciones.

Caso 1. H. C. L.

Esta niña de 4 años y 7 meses presentaba una correcta segmentación y manipulación de sílabas que se iba perfeccionando con el paso de los meses. A los 4 años y 7 meses, en medio de la etapa de la conciencia silábica, presentaba una escritura propia de esta etapa. Al acercarse a la siguiente etapa, observamos que comienza a escribir sílabas completas. En otras palabras, sigue realizando la escritura silábica. Este hecho indica que está avanzando hacia la siguiente etapa: la conciencia fonémica. El hecho de escribir sílabas completas demuestra que empieza a segmentar las unidades mínimas, por lo que la evolución es positiva.

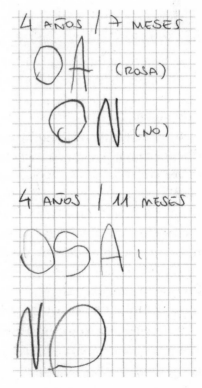

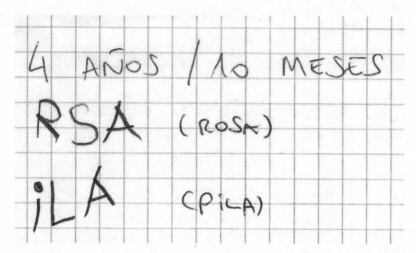

A esta niña de 4 años y 10 meses le evalué por primera vez la escritura de palabras. Esta niña está llegando al final de la etapa silábica. De cuatro sílabas que debía escribir, se observa que mezcla escrituras de las dos etapas: del periodo de la conciencia silábica, escribe solo una letra y, de la etapa de la conciencia fonémica, escribe dos sílabas completas.

Es posible que os preguntéis por qué en la sílaba *ro* elige la consonante antes que la vocal cuando he comentado en varias ocasiones que suelen escoger estas últimas en la escritura silábica. En realidad, al no poder segmentar y llegar al nivel de fonema, la niña debe elegir uno de los sonidos. En las primeras etapas, y de manera habitual, los alumnos se decantan por las vocales. Sin embargo, esto no impide que puedan elegir otro tipo de sonidos. En realidad, las consonantes fricativas tienen una similitud con las vocales. Se pueden alargar temporalmente y producirlas durante unos segundos. Las consonantes *s, r, f* y *j* suelen ser las primeras en aparecer, ya que el hecho de mantener un flujo constante de pronunciación les facilita el proceso de segmentación. Un aspecto que hay que destacar en esta niña es que ha obtenido el fonema

/l/. Este sonido consonántico suele ser difícil de segmentar, ya que es complicado mantener su producción vocal. La predicción de esta niña es muy positiva.

Caso 3. Alumno de 1.º de primaria

El niño que escribió este texto tenía 7 años y 1 mes en el momento de plasmar esta frase: «El niño es guapo». La primera acción que debemos realizar es situar al alumno dentro de la evolución de la conciencia fonológica. Al llegar a los 7 años, es habitual que hayan cerrado la etapa final del desarrollo. A simple vista, es un niño que es capaz de segmentar un elevado número de fonemas de una frase y no parece presentar problemas al elegir las grafías después de analizar los sonidos.

Sin embargo, el hecho de que haya omitido dos fonemas implica que no ha finalizado completamente el proceso del análisis fonológico. Las grafías que no ha incorporado a la frase nos facilitan una valiosa información. Los dos sonidos tienen características sutiles, ya que resulta más complicado aislarlos y alargarlos con el objeto de poder segmentarlos en la cadena sonora.

Según mi experiencia, solo necesita de tiempo para ponerse al mismo nivel que sus compañeros. Pese a esta creencia, este alumno estaría bajo un profundo seguimiento por mi parte para poder observar si consigue superar estas omisiones. Sería interesante recabar más textos para valorar si existe una repetición de las omisiones en otras manifestaciones escritas del niño. Si fuera capaz de escribir la palabra *gato*, nos indicaría que la omisión de la letra *g* es inestable y que existe una correcta evolución. Sería fácil prever una rápida superación de la omisión.

5. Otros factores de la lectoescritura

OTRAS REALIDADES QUE AFECTAN A LA LECTOESCRITURA

LAS INVERSIONES

Tradicionalmente, la presencia de inversiones en la escritura de los niños se consideraba como un indicador de retrasos o problemas en la lectoescritura. Esta idea tan extendida ha permitido que se malgastara el tiempo trabajando en este aspecto evolutivo que poco o nada afecta al desarrollo lector.

Como ya comenté en anteriores páginas, existen tres indicadores fiables del futuro éxito lector: la conocida conciencia fonológica, el conocimiento de las letras y sus sonidos y la velocidad de denominación. Las inversiones no son una variable predictora.

Mi hija Zoe escribió durante muchos meses su nombre con una inversión estable en su letra inicial. Cuando cumplió los 5 años, comenzó a escribirlo de manera correcta. Las inversiones no son la causa de problemas lectores ni existe correlación entre ambas variables. En una inversión gráfica no interviene ningún componente fonológico.

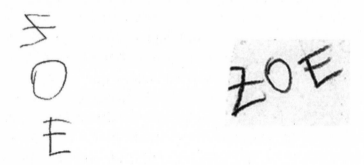

Para asegurarme de que mi hija no presentaba ninguna dificultad para operar con el fonema de la grafía invertida, elaboré unas actividades de cambio de fonemas. Por ejemplo: «Si a *caza* le cambio el fonema /Ѳ/ por el fonema /s/, ¿qué obtengo?». Zoe no tuvo ningún problema para procesar ese cambio fonémico.

Durante años he tratado de buscar la causa a las inversiones. Siempre que tengo una pregunta que contestar relacionada con los errores de los niños, trato de cumplir una regla que aprendí del profesor José Antonio Fernández Bravo. Parafraseándolo, el error de un niño no se produce al azar, sino que tiene una explicación.

Hay tres causas relacionadas con los momentos evolutivos del proceso de la escritura.

1. En un primer momento, se atribuye a una ausencia de direccionalidad de la escritura. El niño coge el lapicero y no existe ninguna limitación de trazos, de dirección ni de normativas.

2. Otro proceso se produce cuando el alumno escoge erróneamente la posición de inicio en el espacio del folio. Si selecciona el lado derecho de la hoja como punto de inicio de la escritura, se verá obligado a escribir hacia la izquierda, provocando una escritura en espejo.

3. El reciclaje neuronal cerebral usando la zona cortical que utilizamos para identificar las caras y a las personas, independientemente de si es vista desde el lado derecho o izquierdo. Esta interferencia procedural provoca que las letras sean independientes del lado observado, identificándolas como las mismas letras.[105]

4. Las últimas inversiones residuales que presentan los niños de infantil son típicas de ciertas grafías concretas. Si observamos estas últimas manifestaciones, suelen responder a las siguientes letras y números: *c, s, j,* 5 y *g.*

Una vez que reducimos las posibilidades de inversiones a estas grafías, debemos buscar el porqué de este hecho. Mi interpretación responde al principio de regularización de las acciones de los niños. Lo que es irregular lo regularizo y lo doto de lógica. Estas grafías responden a un cambio del principio de direccionalidad de la escritura. Según el alumno va adquiriendo experiencias en la realización motora de este proceso, comienza a interiorizar un automatismo gráfico que consiste en que el acto de escritura se realiza de izquierda a derecha y de arriba abajo. Las grafías que incumplen este trazado pueden ser invertidas para regularizar la acción.

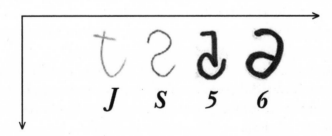

Una vez que el niño, por conflicto con los estímulos que recibe del medio escolar, familiar y social, establece excepciones a tales grafías, las inversiones desaparecerán sin apenas dificultades.

Existen más casos en los que el niño debe establecer excepciones a ciertas acciones que no se ajustan a la normalidad de la actuación. El más conocido es la «hiperregularización verbal», que consiste en que los verbos irregulares se transforman en regulares para dotar de lógica interna a su regla lingüística. Por esta razón escriben *ponido* en vez de *puesto*.

He elaborado una secuencia de la evolución de las inversiones marcando cuatro etapas orientativas que permitan fijar un marco de desarrollo.

1.ª fase	3 años	Direccionalidad natural del trazo.
2.ª fase	4 años	Adquisición de la direccionalidad de escritura.
3.ª fase	5 años	Errores residuales producidos por regularización del trazo.
4.ª fase	6/8 años	Integración completa de todos los trazos a la rutina de escritura.

Existe otra posible explicación a ciertos cambios de la posición de las letras de una sílaba que podría responder a una interferencia de los adultos, provocada por la presentación de ciertos estímulos gráficos a los niños. Suele ser habitual que las primeras palabras presentadas a los niños por parte de padres y profesores, promovidos por una falsa sensación de ayudarlos, respondan al patrón de consonante/vocal («CVCV»): *pato*, *loro* y *casa* responden a este patrón de enseñanza.

Cuando los niños deben escribir palabras con patrones diferentes, como «VCCV» (*alto*), lo que se produce es una regularización de palabra que se ajusta al espectro de palabras que ha visto en su historial de escritura y lectura. *Alto* («VCCV») se convierte en *lato* («CVCV»).

¿Cuál es la solución? Desde mi opinión, es doble. La primera medida es el uso de métodos fonéticos que permitan al niño enfrentarse a cualquier estructura fonética, y la segunda consiste en no elegir los estímulos por su estructura silábica y presentarles cualquier tipo de organización silábica: «VCCV» (*alto*), «CCVCV» (*prado*), «CVCCV» (*harto*)…

LA LETRA ENLAZADA

Es tema habitual de conversación en los colegios el tipo de letra que debemos usar para los niños. Existen centros que en infantil optan por enseñar la letra enlazada; otros, por la mayúscula, y otros prefieren una mezcla: escriben en mayúscula, aunque muestran las minúsculas para establecer sus correspondencias.

Llevo años tratando de responder a la pregunta de si es útil enseñar a utilizar la letra enlazada en la sociedad actual. La respuesta es positiva por varias razones:

1. Existen textos que usan ese tipo de letra: el logotipo de Coca-Cola © o el del periódico *As* ©.

2. Es una letra que comienzan a leer antes incluso de que se la enseñemos, aunque no la usemos los adultos.

3. Es una herramienta más que los hará más aptos para afrontar los retos de la escritura.

Sin embargo, y pese a la importancia de este tipo de fuente gráfica, no estoy a favor de enseñarla ni en infantil ni en 1.º de primaria. La razón de mi planteamiento es un factor de prioridad de aprendizaje. Entre los 3 y los 4 años, considero que el trazo es excesivamente complicado para imitar, pero no para leer. He vivido casos de niños que han comenzado a leer la letra enlazada por un deseo de desentrañar esta escritura. A partir de los 6 años de edad, pese a que han mejorado en la motricidad fina, sigue siendo un proceso que choca con el afianzamiento del aprendizaje de la lectoescritura. Algunos niños presentan verdaderos esfuerzos motrices para adecuar su escritura a este tipo, incluso apareciendo sincinesias en la lengua, fruto del esfuerzo. El acto de escritura es un proceso consciente y no automático. La carga cognitiva de la planificación del texto, de la ejecución y de la autoevaluación paralela a la escritura se ve interferida por la experiencia motora. El acto manual de la escritura sobrepasa al resto de funciones cognitivas y, de hecho, las interfiere. ¿Es factible esperar un curso antes de pasar a la iniciación de esta realización gráfica? Yo sí lo veo posible, sustituyendo la enlazada por la mayúscula o por el *script*, que son las dos fuentes más utilizadas en la realidad social del alumnado.

LA GRAFOMOTRICIDAD

Desde que hemos comenzado el libro, he destacado la importancia que le damos al componente sonoro como prioridad de la enseñanza de la lectoescritura. Pese a la justificación de tales medidas, es cierto que los niños, tarde o temprano, deberán agarrar un lapicero y empezar a escribir letras. Existen muchas percepciones, metodologías y enfoques sobre la manera de iniciar y controlar el acceso al último proceso de la escritura. En las escuelas suele haber cierto debate y análisis sobre el tipo de letra, el momento de inicio de la misma y los tiempos de aprendizaje. No seré yo quien dé la solución definitiva, pero sí deseo transmitir mi experiencia y valoración sobre cómo abordar la escritura manual.

En este curso no suelo pedir actividades de lapicero ni de escritura de sus nombres. Existe un doble motivo para ello:

1.º No suelen estar preparados.

2.º No es necesario que un niño de 3 años escriba su nombre en su actividad diaria.

Este hecho no es óbice para que los lapiceros o pinturas estén presentes en el aula o en casa para el uso y disfrute de nuestros pequeños. Se recomiendan tizas, ceras y lapiceros gruesos para establecer un agarre similar al adulto.

Esta preparación les resultará muy útil cuando cumplan los 4 años, ya que el agarre con la pinza será más sencillo y automatizarán su postura más rápidamente. Yo les digo a mis alumnos que cojan el lapicero como un «pollito», y se lo digo mientras muevo los dedos índice y pulgar y realizo el piar de este animal.

Una doble manera motivante para ir presentando los diferentes grafos que son necesarios para la realización de las letras y los números sería la siguiente:

1.º Uso de la tecnología para la realización de los diferentes grafos (III, ///, ------, etc.).

En mi caso, y dada la presencia de una pizarra digital en el aula, presento actividades en las que los niños deben realizar grafos asociados a una realidad concreta. Para hacer los trazos verticales, coloco unas nubes y los niños deben ejecutar los movimientos de arriba abajo. Podemos usar papel continuo, pizarra de tiza o cualquier superficie útil y de movimiento amplio, tanto en casa como en la escuela.

2.º Los marcos. Los niños realizan multitud de dibujos en su vida cotidiana. Podemos incorporar las grafías que pensemos trabajar mediante la realización de marcos para ensalzar sus obras de arte. De esta manera, añadimos una tarea, que puede ser tediosa, y le damos un valor constructivo a los conocimientos.

Una vez que acabemos de trabajar los grafos que consideremos esenciales en nuestros niños, podemos comenzar a escribir letras y números, ya que hemos desarrollado las bases motoras que configuran las representaciones escritas.

Dado que este año el encargado de la clase escribe una palabra en la asamblea, aprovecho para enseñar retahílas que faciliten al niño el recuerdo de las grafías. Estas frases, que podemos usar en nuestros hogares, las repito cada vez que realizan las grafías o los números. A continuación, os propongo las que utilizo en mis clases:

Números:
1. Subo un poquito y bajo un montón.
2. Cabeza, cuerpo y pie (simula un pato).
3. Cabeza y barriga.
4. Escribo una *l*. Levanto el lapicero de arriba abajo.
5. Gorra, cara y moflete.
6. Rabito y cereza.
7. Gorra, cara y bigote.
8. Escribo una *s* y me cruzo.
9. Globo y cordel.

Letras:
A. Subo la montaña, bajo la montaña y cruzo el puente.
B. Espalda, cabeza y barriga.
C. Sonrisa.
D. Espalda y barriga.
E. Línea y peine.
F. Línea y peine roto.
G. Curva y aparco.
H. Línea, línea y puente.
I. Líneaaaaaa (simulo que me caigo).
J. Sedal y anzuelo.
K. Espalda, patada y patada (simula un karateca).
L. Bajo y me voy.
M. Subo, bajo, subo y bajo.
N. Subo, bajo, subo y me quedo.
Ñ. Subo, bajo, subo, me quedo y miro (coloca la mano sobre mis ojos como si mirara a lo lejos desde lo alto de la montaña).
O. Giro, giro, giro, giro...
P. Palo y pompa (simula un pompero).
Q. Cabeza y corbata.
R. Espalda, cabeza y patita.
S. Me voy, me vuelvo y me voy.
T. Pata y mesa (simula una mesa).

U. Bajo y subo (simula una pista de *skateboard*).

V. Bajo y escalo.

W. Bajo, escalo, bajo y escalo.

X. Espada y espada.

Y. Dibujo una copa y la apoyo.

Z. Zis, zas, zis... (simula el espadazo del zorro).

En estas edades podemos utilizar elementos multisensoriales para potenciar los canales de entrada de la información.

Lograr que el niño adquiera la memoria gráfica de los números y las letras le va a facilitar y simplificar el hecho de escribir, dejando espacio y recursos para su correcta realización.

LA COMPRENSIÓN LECTORA

Uno de los suspensos que suele recibir la educación española es la baja capacidad de comprensión lectora. Puede resultar curioso que los lectores no sean capaces de extraer un significado completo de un texto leído. Parecería lógico pensar que, si no son capaces de comprender un texto, tampoco lo serán de entender el lenguaje verbal que escuchen en sus conversaciones. Es importante que elaboremos estrategias para lograr que los niños y los adultos podamos obtener el mejor contenido semántico de una lectura. La actuación que debemos hacer los adultos sobre nuestros hijos es múltiple.

1.ª Para lograr prevenir y mejorar la comprensión lectora, debemos modificar nuestra manera de evaluar si un alumno o nuestro hijo ha entendido un texto. ¿Cómo evaluamos el poso semántico que un texto ha dejado en nuestros niños? La manera habitual en las familias y en la escuela es la realización de preguntas de naturaleza memorística. Si leemos el cuento de *Caperucita Roja*, es muy probable que le planteemos al niño cuestiones de este estilo: ¿a dónde iba?, ¿de qué color era la caperuza?, ¿cómo acaba el cuento? Este análisis superficial del texto no debería presentar ningún problema de retención de información, pero no es, propiamente dicho, un ejercicio de comprensión lectora. Esta requiere de memorización de información textual, aunque lo esencial es la reelaboración de esta información para crear un cuerpo semántico. La memorización de detalles o anécdotas es, probablemente, lo menos importante del proceso. Es cierto que, si no recordamos los datos del relato, nos costará seguir el hilo de la historia. Pero desearía que realizáramos un sencillo experimento.

Debemos recordar una película que hace tiempo que no hayamos visto. ¿Seríamos capaces de recordar el apellido de un personaje, en qué lugar se produce una escena o qué bebe el protagonista en un momento dado de la misma? Probablemente no. Sin embargo, es muy posible que pudiéramos realizar un resumen de la película, obteniendo una versión cercana a la realidad. Este tipo de búsqueda de informaciones parceladas, limitadas y vacías suele ser entrenada por los adultos con las preguntas memorísticas. ¿Pero existe otro modo de preguntar? Sí, son las preguntas inferenciales. Este tipo de evaluación permite una mayor libertad de respuesta, ya que es construida por el propio sujeto. Si he leído el mismo cuento y quiero evaluar de esta manera, el adulto realizaría las siguientes preguntas: ¿te ha gustado el cuento?, ¿por qué? Si tú fueras el lobo, ¿habrías hecho lo mismo? ¿Cambiarías algo del final? Cuando enfrentamos a alguien a estas preguntas, debemos utilizar múltiples realidades para afrontar una respuesta: hipótesis; aplicar nuestra experiencia vital, nuestra imaginación; confrontar nuestros principios morales; inferir, empatizar, analizar los puntos de vista de los personajes, y así un largo etcétera. Comprender un texto no es limitarme a la literalidad textual, sino profundizar y crear mi propia interpretación semántica. Este proceso es más valioso que cualquier pregunta directa. Pese a ello, debemos alternar el tipo de preguntas. En un texto escolar en el que se nos presentan datos que hemos de retener, debemos primar las preguntas de recuerdo directo. Lo más importante es que, con las preguntas memorísticas, evaluamos la memoria y, con las inferenciales, evaluamos la comprensión textual.

2.ª El uso de textos inferenciales. Si deseamos que los alumnos se entrenen en las capacidades supratextuales, podemos utilizar tres tipos de textos que requieren de un análisis más profundo de su significado.

— Los chistes: este texto requiere que el alumno interprete el significado literal de unas frases para, posteriormente, buscar un nuevo significado que se ajuste al giro cómico.

— Las adivinanzas: este acertijo logra que los niños salten la literalidad de las palabras escritas para tratar de buscar una construcción que se adapte a las informaciones facilitadas por la frase.

— Los cuentos ilustrados: el objetivo de estos textos es que el niño dé una coherencia semántica a las palabras para conseguir dotar de un significado completo. Es importante usar esquemas mentales que estructuren un escrito. Si yo escribo: «Iba caminando por el camino de tierra cuando estalló la tormenta. Llegué con los pantalones manchados a casa», y, seguidamente, os pregunto con qué me manché los pantalones, es previsible que una mayoría diga que de barro. El texto no indica que hubo barro, pero, si junto los esquemas semánticos de *tormenta* y *arena*, la inferencia semántica que realizo es que la tormenta embarró el camino y los pantalones se ensuciaron. Una buena manera de ayudarlos a crear los esquemas mentales es usando cuentos ilustrados. La parcela textual que no pueda ser interpretada por el niño será completada por el dibujo.

3.ª Las palabras desconocidas. El desconocer las palabras de un texto impide obtener toda la información necesaria para comprender un relato. Cuando un niño nos pregunta qué significa una palabra, solemos responder con una definición. En mi práctica educativa, utilizo dos métodos para lograr su entendimiento:

— Ofrecerle otra frase donde esté el término desconocido.

— Enseñarles a utilizar el contexto para obtener información que permita al niño aproximarse a su significado.

Si instauramos este tipo de recurso, conseguiremos que comiencen a ser autónomos en la resolución de dudas en los significados de las palabras.

4.ª La lectura de textos. Esta sencilla recomendación es vital para potenciar el aspecto semántico de la lectura. A mayor entrenamiento, mayor dominio de esta capacidad. Cunningham y Stanocvich establecieron la relación entre el número de lecturas en las primeras edades con la capacidad comprensiva en la adolescencia.[106]

5.ª Uso de los métodos fonéticos. Según Dehaene, «los niños que tienen mejores resultados en la decodificación de palabras y pseudopalabras aisladas también tienen mejores resultados en la comprensión de textos y oraciones» y, «cuanto más rápido se automatiza la ruta de conversión de grafemas en fonemas, en mejor posición estará el niño para concentrarse en el significado de lo que lee».[107]

Estas sencillas herramientas pueden actuar como elementos preventivos si los aplicamos de manera precoz en nuestras casas y escuelas. Sin embargo, el elemento decisivo en este desarrollo es la calidad del lenguaje que aprenden nuestros hijos durante los primeros años de sus vidas. La excelencia y variedad del vocabulario, la profundidad del discurso y la complejidad sintáctica y semántica serán los mejores pilares para formar su constructo semántico.

LA UNIÓN DE LAS PALABRAS

El paso a primaria es un momento de enormes cambios y aprendizajes. Sin lugar a dudas, la lectoescritura es la capacidad más destacable y mágica de este primer curso. Los avances se observan cada semana y es muy gratificante para las familias y los tutores. Las omisiones se reducen, la velocidad lectora se incrementa y el desarrollo se evidencia de manera significativa. Solo una sombra inquieta al círculo más cercano al niño: la unión de las palabras. Este hecho genera recelos y enturbia este aprendizaje que ha ido apuntalándose desde que eran más pequeños. Ese «error» parece indicar que el proceso es desajustado, equívoco y genera dudas sobre algún tipo de trastorno que no hayamos detectado a tiempo. Este «atasco» evolutivo me recuerda a otro proceso final que suscita interrogantes en nuestros hijos: el fonema /r/. Los niños, que llegan a los 5 años pero que aún no son capaces de pronunciar la vibrante múltiple, provocan cierta inquietud en sus familias dado que el lenguaje del niño, desarrollado casi completamente, aún muestra un carácter infantil motivado por estas dislalias evolutivas. Solo debemos saber que este fonema se adquiere entre los 5 y los 6 años y medio para que nuestros miedos se disipen.

Pero ¿qué ocurre con la unión de las palabras? Nada. O mejor dicho, todo. El lenguaje oral que escuchamos se constituye en un continuo sonoro. Si digo: «El perro de mi vecino se llama Tom», esta frase se escucha de la siguiente manera: «ElperrodemivecinosellamaTom». No hay pausas, ayudas o herramientas que podamos usar. Uta Fritz consideró este proceso como uno de los tres estadios del aprendizaje de la escritura.[108] Esta fase permite que el sujeto sea consciente de que el flujo sonoro del lenguaje se puede segmentar en unidades léxicas. Este proceso dura cierto tiempo y debemos ser capaces de convivir con él. Salvo que el niño haya tenido dificultades con los prerrequisitos lectores, no debemos tener miedo, ya que se irá eliminando progresivamente.

En las siguientes líneas os facilitaré actividades que podemos realizar con nuestros hijos o alumnos:

1. La más básica es potenciar la etapa de conciencia de la palabra. A partir de los 3 años, podemos realizar actividades de segmentación de palabras y juegos que tengan que ver con ello.

2. A partir de los 6 años, el juego de las frases locas permite iniciar a los niños en la escritura de frases sencillas y con ayudas de segmentación. Podemos confeccionar una baraja con artículos, sujetos y verbos. El niño elegirá al azar las dos últimas y escogerá el artículo en función de la concordancia de género y número. Se colocarán, separando cada palabra, y el niño tendrá que escribirlas en los huecos que le marquemos.

Esta actividad es motivante, ya que genera frases extrañas, irreales y mágicas. Es un buen inicio para este tipo de actividades y muy ajustado al desarrollo de la lectoescritura.

3. El control de las primeras escrituras. En una actividad que desarrollo con niños de 5 años llamada «El diario del fin de semana», cada niño escribe o dibuja lo que ha realizado el fin de semana. Los niños que quieren escribir suelen recurrir a la seguridad del adulto. Mi objetivo es ayudarlos con las omisiones, las correspondencias fonemas-grafemas y cualquier duda al escribir. Mi control radica en que, cuando el niño cambia de palabra, le voy marcando con el dedo dónde debe empezar la siguiente palabra.

HOLA AMPARO. ERES LA MEJOR PROFESORA DEL MUNDO. TE QUIERO MUCHO. ZOE

4. La separación previa. Con esta herramienta realizo un entrenamiento con los niños sobre la separación de las palabras. Antes de ponernos a escribir, separamos las palabras, y, una vez segmentadas, el niño escribe la secuencia sonora fragmentada. Para cuando el alumno deje de necesitar nuestra ayuda, ya no tendrá problemas para segmentar.

El alumno irá superando la etapa de unión de palabras, aunque debemos naturalizar el proceso y no darle más importancia de la que tiene. Pese a todo lo descrito anteriormente, si observamos que el niño sigue juntando las palabras, se atasca en otros procesos lectores o no da el salto definitivo, debemos preguntar al tutor o a los especialistas educativos para valorar si este hecho comienza a ser anómalo. Más allá de los 8 años, sería desajustado y, probablemente, digno de valoración e intervención.

EL AGARRE DEL LAPICERO

Las malas praxias respecto al uso del lapicero generan muchos problemas a la hora de escribir, derivando en letras ilegibles o con una presión exagerada. En general, el desarrollo de la presión adecuada sobre el lapicero requiere de un desarrollo de las habilidades relacionadas con la motricidad fina y con múltiples capacidades humanas. Es importante que los aprendizajes se realicen de una manera ajustada y trabajando los previos de cada proceso. Ejecutar actividades de escritura a los 3 años de edad puede producir más inconvenientes que adelantos. El niño no está preparado para coordinar todos los procesos intervinientes. Por esta razón, podemos presentar las actividades para trabajar la pinza como previo a la escritura real: pintura de dedos, coger objetos pequeños, hacer bolitas de papel de seda o jugar con goteros.

Coger un lapicero es difícil. Solo hay que ver a los niños de 3 años cogiéndolo como si fuera un cuchillo, atacando a una hoja de papel indefensa. En este momento, no es muy aconsejable ni efectivo que el niño se ponga a escribir. De hecho, hasta los 4 años de edad, el agarre no adquiere una posición correcta. Es nuestra obligación preparar a los niños mediante la elaboración de actividades previas a la escritura real. La preparación comienza a los 3 años, cuando aún no debemos facilitar actividades de escritura al niño. En este tramo, desde los 3 a los 4 años de edad, realizaremos cualquier actividad que potencie la pinza manual, que consiste en la presión que realizan los dedos índice y pulgar con el puño cerrado. Esta posición, futura esencia de la escritura, se puede reforzar con las actividades que voy a presentar:

— Juegos con goteros y agua.
— Pintura con témpera y el dedo índice.
— Juegos de trasvases de materiales con la pinza digital (judías, bolitas, etc.)

— Formar bolitas con papel seda con los dedos índice y pulgar.

— Juegos de atrapar objetos con pinzas de hielo.

— Actividades de clavar palillos en la plastilina.

— Tijeras semiesféricas para atrapar objetos.

— Rasgar papel de periódico.

— Aplastar el papel de burbujas.

— Juegos de chapas.

Otra actividad debe desarrollar la independencia digital. Cada dedo puede actuar de manera libre y no en bloque con el resto de dedos de la mano. Cuando hayamos incidido en toda esta batería de actividades, podemos comenzar a realizar escritura con lapicero. Podemos recordar al niño cómo se agarra el lapicero de dos maneras:

1.º Indicándole que haga el pollito antes de coger el lapicero (al formar y mover la pinza, simulamos un piar).

2.º Rozándole el dedo al notar un agarre incorrecto.

Los síntomas de alarma para detectar que existen riesgos o dificultades en el acto físico de la escritura son los siguientes:

— Grafía con mucha presión. Este síntoma indica una tensión excesiva en el brazo, lo que genera una hipertonía, afectando a la presión sobre el lapicero.

— Mala posición de la mano en el lapicero. Si la presión no se realiza cerca de la punta, el lapicero bailará sobre la mano y obtendremos una escritura inestable.

— Sincinesias. Estos procesos motores se producen cuando la dificultad de la tarea activa grupos musculares alejados del principal. La sincinesia más asociada a la escritura consiste en sacar la lengua hacia un lado mientras escribimos. Este hecho denota tensión en la grafomotricidad.

En general, los problemas con los agarres de los lapiceros suelen surgir por tres causas:

— No enseñar explícitamente cómo se agarra un lapicero. Pensamos que agarrar un lápiz es instintivo en el ser humano. Nada más lejos de la realidad.
— Inicio temprano en la escritura. El hecho de adelantar y quemar etapas antes de tiempo produce aprendizajes erróneos e incompletos.
— Presión muscular anormal en el brazo. Provoca desajustes en la motricidad fina.

En caso de que, aunque hayamos respetado los ritmos y hayamos entrenado al niño con actividades de motricidad fina, nuestro hijo o alumno haya adquirido un mal hábito de agarre, podemos intentar varias estrategias.

La primera es comprar adaptadores de escritura que obligan a la mano a realizar un agarre correcto. Existen múltiples modelos en el mercado. Esta estrategia es más útil en casa que en la escuela dada la facilidad para controlar este proceso de manera individual.

La segunda, más tradicional, es colocar una piedra en la mano, cerrar la mano y forzar a los dedos índice, pulgar y corazón a adoptar esta posición.

La tercera consiste en realizar continuas correcciones al agarre incorrecto, aumentando las posibilidades en casa frente a la escuela.

Controlar el agarre es necesario, no tanto por la escritura, sino por el daño que puede provocar en nuestras articulaciones el agarre desajustado.

EL GUSTO POR LEER

El objetivo del libro es mostrar una manera de enseñar a nuestros hijos y alumnos a leer, respetando sus ritmos y enfatizando las herramientas que inciden sobre la base del aprendizaje lector, presentando los síntomas y las alarmas que puedan indicarnos desajustes o desviaciones de la secuencia normalizada.

Podemos afirmar que, si realizamos los pasos que os he comentado, y siempre que no haya algún tipo de alteración lectora, nuestros niños lograrán alcanzar las metas propuestas. Pero el que un niño pueda leer, escribir y comprender lo que está representado en cualquier soporte no quiere decir que le guste hacerlo. Es más, podemos tener un hijo que deteste leer, escribir o ambas actividades. Este hecho suele preocupar a las familias, ya que anticipamos que no desarrollar esta capacidad, debido a la falta de práctica, indicará que el niño no logrará sus metas profesionales y que nuestro hijo será menos capaz que el resto. En general, debemos analizar el porqué y qué no les proporciona la lectura.

¿Cuál suele ser la manera de actuar de los padres cuando queremos potenciar el desarrollo del hábito de la lectura? Lo más habitual es que las familias obliguen a leer durante un rato de manera diaria. No seré yo quien afirme que los niños no deberían leer por no presionarlos. Por supuesto que la lectura debe ser una actividad habitual en sus vidas. Mi discrepancia radica en el hecho de cómo y cuándo deben comenzar a leer y a escribir. ¿Alguien me puede decir por qué los niños pequeños disfrutan de los cuentos y, varios años después, algunos no desean abrir las tapas del libro? Muchas respuestas se centrarán en las nuevas tecnologías como causantes del desánimo hacia las palabras escritas. De nuevo, al igual que con la ortografía, las pantallas son las cabezas de turco de cualquier problema educativo. Deseo hacer dos incisos sobre las tabletas y los móviles. El primero parte de la siguiente pregunta: ¿es el niño quien coge la tableta o somos los padres quienes se la facilitamos? La segunda, ¿por qué consideramos estos artilugios una herramienta potente para que nos dejen un rato en tranquilidad, pero luego las transformamos en instrumentos generadores de problemas educativos? La tecnología es facilitadora de beneficios que son mal utilizados por los adultos. Yo soy el primer padre que utiliza las tecnologías con mi hija Zoe, y no solo para estudiar y trabajar, sino como un componente lúdico y jugable. Claro que sí. Al igual que la llevo al cine, al teatro o a los museos. Los límites los pongo yo, no ella. Los tiempos los marco yo, no ella. El tipo de juego lo establezco yo, no ella. Si alguna vez mi hija presenta algún desajuste con las nuevas tecnologías, seré yo el culpable, no ella. Pensamos que dedicar un rato a la videoconsola o a chatear es negativo. Solo es desajustado si somos nosotros los que no marcamos tiempos, límites y condiciones de uso. ¿O solo realizan este tipo de actividades nuestros hijos? ¿No montan en bici, patinan o acuden a la plaza con los amigos? Usemos las tecnologías para ayudar y potenciar, sin criminalizarlas.

Presentaré mis pensamientos para valorar mi concepción sobre la génesis lectora.

1.º El niño no debe leer hasta que no está preparado para ello. Ni en la escuela ni en las casas. Leer es una actividad que nos acompañará durante toda la vida. Siempre. ¿Por qué debemos apresurarnos y acelerarla?

2.º Las primeras lecturas deberán estar acompañadas por el adulto, para resolver dudas o para releer las frases leídas, y, de esta forma, lograr que el niño comprenda el texto.

3.º La lectura debe ser un proceso lúdico, no académico, en sus primeras manifestaciones. Acudir a cuentacuentos, visitar las bibliotecas y realizar juegos con libros constituyen actividades que pueden actuar como anzuelo para enganchar a los nuevos lectores.

4.º Las primeras lecturas deben ser elegidas por el niño. Visitar las bibliotecas es el mejor recurso para que el niño sea protagonista de su aprendizaje.

5.º Evitar la lectura colectiva en voz alta en la escuela. Cada persona presenta un ritmo de lectura. Si un lector lee más rápido o más lento que yo, voy a generar una desincronización que provocará dificultades de comprensión.

6.º No obligar a dedicar más de tres o cuatro minutos a la lectura diaria. El aprendizaje será progresivo y no será excesivo para el lector.

7.º Los niños leen otros textos distintos al libro en su aprendizaje lector. La lectura de carteles, folletos publicitarios o las instrucciones de un juego de mesa son recursos que debemos potenciar y aprovechar.

8.º Si deseamos que nuestros hijos lean, podemos establecer acuerdos para estimular ese deseo. La condición para jugar a un juego de videoconsola puede consistir en leer las instrucciones del mismo. O si desea jugar a un juego de mesa de cartas, que sea él o ella quien se encargue de realizar la lectura de las partes escritas.

9.º Activar los subtítulos de las películas o dibujos animados para presentarles textos escritos.

10.º No regañar ni obligar a realizar esta práctica de manera exagerada.

11.º Evitar las profecías adultas: «Vas a suspender si no lees más», «Tu hermana lee más que tú», «Así no vas a ser bueno en nada».

12.º Permitir actividades personales después de leer.

13.º Evitar la lectoescritura en momentos de cansancio.

14.º Preguntar sobre sus gustos lectores.

15.º Leer, alternándose el adulto y el niño.

16.º Leer los libros nosotros, pero solicitarles que nos ayuden.

17.º Uso de los libros ilustrados para ayudar y ludificar el proceso.

18.º Pedirles que nos cuenten un cuento por la noche.

19.º Escribir cuentos e imprimirlos.

20.º Actuar como modelos de referencia. Hay que leer con ellos cuando realicen esta actividad.

21.º Leer otro tipo de texto escrito: revistas, folletos o catálogos de juguetes.

22.º Actividades de escritura de naturaleza más activa: listas de la compra, cuadernos con una enumeración de juegos o de películas de nuestros niños, cartas a los Reyes Magos, etc.

6. La dislexia

La inclusión de este apartado en el libro no es provocado por la necesidad de especializarnos en este trastorno de la lecto-escritura. No es nuestro objetivo. La razón es dar unas pinceladas y desterrar cualquier mito asociado a ella desde hace muchos años. Durante décadas, la dislexia ha estado rodeada de falsas creencias y verdades canónicas que han enturbiado y afectado a la intervención y a la prevención de la misma.

Mi objetivo es acercar a las familias y profesores los descubrimientos que en los últimos años se han producido sobre este trastorno y cómo podemos prevenir sus consecuencias.

¿QUÉ ES LA DISLEXIA?

La mejor manera de definir la dislexia es como un conjunto de desajustes cerebrales que afectan a los procesos fonológicos. De hecho, en los estudios sobre dislexia existe el consenso de que se trata de un trastorno en el componente fonológico. Las tres alteraciones más extendidas entre los investigadores son problemas en el cuerpo calloso (tejidos que comunican los dos hemisferios cerebrales), la simetría de los dos hemisferios (en los lectores sin dificultades existen asimetrías) y la ausencia de migración neuronal a la zona temporal izquierda.

Las principales características de los disléxicos se reflejan en estos tres síntomas:

— Baja velocidad lectora.

— Problemas para reconocer y asociar letras y sonidos.

— Dificultades en los procesos fonológicos o baja conciencia fonológica.

Las personas disléxicas se caracterizan por presentar una inteligencia normal, ausencia de problemas visoperceptivos y sin ningún aspecto que, *a priori*, pueda provocar las dificultades en el aprendizaje de la lectoescritura.

Algunos mitos sobre la dislexia

— «La dislexia es una enfermedad y se cura». La dislexia es un trastorno provocado por una alteración anatómica cerebral. El disléxico siempre será disléxico. La diferencia es que podemos mejorar la calidad educativa de estos sujetos si comenzamos desde etapas tempranas y establecemos planes preventivos desde la formación infantil.

— «La dislexia solo se puede intervenir cuando el alumno comienza a aprender a leer». Existen varios indicadores y herramientas que podemos utilizar para visibilizar e identificar alumnos con riesgo de sufrir futuros trastornos lectores.

— «Las inversiones y la escritura en espejo son indicadores de dislexia». La proporción es similar a los lectores sin dificultades y no es indicador de alteraciones fonológicas.

— «La intervención perceptiva soluciona los problemas disléxicos». Los lectores con dificultades no presentan problemas en la visión o en la percepción que afecten a los procesos lectores. Eso no quiere decir que no tengan que usar gafas por padecer trastornos visuales. El problema no es que no puedan «ver» las letras, sino que no puedan «leer» las letras.

¿CUÁL ES EL PROBLEMA DE LA INTERVENCIÓN EN LA DISLEXIA?

En España, para poder diagnosticar de dislexia a un alumno, este debe tener un desfase curricular de dos años. Es decir, hasta los 8 años sería difícil de diagnosticar y, por tanto, de comenzar adaptaciones curriculares con él. Sin embargo, desde los 4 años existen señales de alarma que debemos saber interpretar.

4 años
- Problemas en el silabeo. El niño presenta dificultades para silabear correctamente palabras.
- El test de Cuetos («test de detección temprana de las dificultades de lectura y escritura») nos facilita una evaluación previa a la escritura, pero que puede discriminar las futuras dificultades.
- Niños con pobreza en el lenguaje oral e inicio tardío del mismo.

5 años
- Dificultades para manipular unidades silábicas.
- Dificultades para segmentar fonemas y manipularlos.
- Errores en la denominación de letras y en el establecimiento de las correspondencias grafemas-fonemas.
- No aparición de la escritura silábica entre los 5 y los 6 años. Este tipo de escritura (*eoa* por *pelota*) ya debería estar asentado e iniciado en el alumno.

1.º y 2.º de primaria
- No aumenta la velocidad lectora.
- Se cronifican los errores con las letras y sus sonidos.
- Errores en la lectura de palabras.
- Evitación de la lectoescritura.

Estas herramientas pueden hacernos sospechar que nuestros hijos o alumnos no están avanzando hacia el pleno desarrollo lector. En los colegios, la imposibilidad de iniciar los protocolos antes de los dos años del desfase curricular generaba una sensación de indefensión. El alumno no avanza y se intenta sortear esta dificultad de la mejor manera posible para el alumno, debido a que, sin un dictamen diagnóstico, es difícil que reciba ayudas de los profesores de audición y lenguaje o pedagogía terapéutica. Para más interferencia, la tradición de que las dificultades se centraban en aspectos perceptivos ha provocado que este tipo de alumno realizara actividades de esta naturaleza con el objeto de que aflorara la lectura, siendo, en el mayor número de casos, una herramienta insuficiente.

Pese a que nosotros detectemos que el niño presenta indicadores de riesgo, no vamos a poder iniciar trámites para que se le diagnostique dislexia. Sin embargo, como padres y profesores, podemos iniciar en el colegio y en casa, de manera coordinada con el tutor, las medidas preventivas e interventivas con nuestros niños. De hecho, el incorporar estas herramientas adquiere una doble función:

— Preventiva: todos los alumnos se benefician de este tipo de programas.
— Interventiva: las medidas, que para el resto de niños son preventivas, servirán como un programa de acción y corrección de las dificultades para los futuros disléxicos.

La intervención preventiva que realicemos con nuestros niños va a permitir trabajar los prerrequisitos lectores de una manera precoz. En ese periodo de tiempo, la plasticidad cerebral comenzará a provocar reajustes de la corteza cerebral y estimulará la creación de los circuitos neuronales encargados del proceso fonológico. No habremos sido capaces de «eliminar» la dislexia, pero sí hemos adelantado lo inevitable:

la necesaria intervención de los niños con este tipo de trastorno. La sorpresa es que, desde múltiples ámbitos, la intervención educativa hacia la dislexia se centra y se recomienda que actúe sobre la conciencia fonológica. ¿Alguien duda de que en ese periodo el adulto no haya conseguido logros con los niños? ¿Dudamos de que el impacto de la dislexia sea menor al pasar a primaria si hemos intervenido en la etapa de infantil?

La culpa de que no se haya intervenido sobre la dislexia en etapas prelectoras ha sido de las definiciones tradicionales de la dislexia. En este tipo de definiciones, el problema se centra en la dificultad para aprender a leer al iniciar la escolaridad. En los últimos años, el foco se ha trasladado hacia las dificultades en el procesamiento y en el análisis fonológico. ¿Qué implicaciones prácticas presenta este sutil cambio conceptual? Si el profesor detecta dificultades en la evolución del procesamiento fonológico, podemos intuir, que no diagnosticar, que ese futuro lector puede presentar, más adelante, problemas lectores. Estas señales, que son las que en primaria generan que los equipos de atención determinen que un niño sea disléxico o no, deben provocar una activación de algún protocolo de intervención en la etapa de educación infantil. La puesta en marcha de los programas de intervención generará beneficios en los niños. La coordinación entre las familias y los profesionales deberá ser fluida para favorecer en ambas realidades sociales el máximo de las potencialidades lectoras. Esas dificultades fonológicas se visibilizarán al entrar en la etapa de primaria al empezar la enseñanza formal de la lectoescritura. El profesor entrenado para detectar este tipo de signos es capaz de visibilizarlos antes de tiempo. Si resulta que eran las primeras señales de los disléxicos, habremos conseguido actuar con ellos de manera temprana, ya que la intervención en las primeras etapas en el componente fonológico tendrá una mayor intensidad debido al carácter plástico del cerebro. Si ese futuro niño disléxico se criara en una sociedad con un lenguaje verbal sin escritura, nadie detectaría que presenta un trastorno en las zonas corticales encargadas del análisis de los fonemas.

Es nuestra obligación comunicar a las familias toda la información que tengamos sobre el desarrollo de la lectoescritura de sus hijos. No sería el primer caso en el que en infantil se informa a las familias de que el niño solo necesita tiempo y «maduración» para conseguir adquirir la lectoescritura, y, al llegar a primaria, se les transmite que su hijo presenta «dislexia». El hecho de acolchar y anticipar las posibles implicaciones de los desarrollos desajustados en la conciencia fonológica permite asumir los posibles futuros problemas educativos por parte de los padres.

¿Y qué programas comenzamos con nuestros hijos y alumnos? Aquellos que actúan sobre el procesamiento fonológico o, lo que es lo mismo, la conciencia fonológica.

Es de enorme importancia comenzar a aplicar estos programas en nuestras aulas y hogares. Se ha demostrado que la aplicación de programas de conciencia fonológica en educación infantil provoca cambios en las estructuras corticales de los disléxicos, logrando que se parezcan a las de los sujetos sin dificultades lectoras. Por partida doble, estamos originando una estimulación de nuestros niños que generará un arranque lector más correcto y se ajustará a las etapas evolutivas de la lectoescritura. Como ya comentamos, se ha demostrado en múltiples estudios que el aprendizaje lector requiere de una instrucción para lograr desarrollarlo de manera competente. Los medios más adecuados son el programa de entrenamiento en conciencia fonológica, los métodos fonéticos y el desarrollo general del lenguaje oral y comprensivo de nuestros niños.

En mi práctica diaria pongo en marcha programas de prevención en infantil, facilitando a las familias cuyos niños indican posibles dificultades futuras material para potenciar este aprendizaje. La concepción de la escuela debe cambiar hacia la prevención en lectoescritura. El Prodislex, un protocolo de detección precoz de la dislexia, afirma que

[...] un niño con dislexia no surge de forma espontánea en el inicio de la educación primaria. Sus dificultades son previas a este periodo educativo y, a pesar de que no podemos establecer un diagnóstico fidedigno a estas edades, sí podemos detectar a aquellos niños que presenten signos de riesgo y que, probablemente, la desarrollen en la etapa posterior. Por ello, en esta etapa, nos referiremos a ellos como niños con dificultades de aprendizaje.[109]

Aquellos niños que dan muestras o resultados en protocolos de detección deben ser mimados desde infantil. Algunos profesionales apelan al argumento de que el niño aún no está maduro y que el propio desarrollo y el crecimiento le permitirán lograr las adquisiciones relacionadas con la lectura. Es esencial que evitemos las estrategias futuras de autorrecuperación lectora del alumno.

Ayudas a los disléxicos

Las mejores herramientas para los disléxicos se basan en dos aspectos:
— Adaptaciones textuales.
— Uso de la tecnología.

ADAPTACIONES TEXTUALES

En los últimos años se han realizado estudios para determinar si los cambios en las fuentes y textos afectan al rendimiento de los disléxicos. Las principales adaptaciones son las siguientes:

Tipografía: fuentes de palo seco, romanas o redondas.
— Tamaño de letra: se recomiendan tamaños grandes. En folio, 14 puntos, y en pantallas, 18.
— Espaciados: se recomiendan espaciados anchos.
— Colores: los colores de fondo cálidos son los más recomendados, dada la dificultad de los disléxicos con los brillos y el contraste negro sobre blanco.

USO DE LA TECNOLOGÍA

Las nuevas tecnologías han facilitado y creado herramientas que podemos utilizar para mejorar la calidad educativa diaria de cada uno de nuestros alumnos e hijos. Si usamos audífonos con los alumnos con hipoacusia, ¿por qué no usamos las herramientas digitales con los disléxicos? Si estos niños no tienen dificultades con el lenguaje oral, podemos usar los traductores de voz a texto que ofrecen sistemas como Windows, Android o iOS. Las tareas escolares, las redacciones y la realización de los exámenes serían más sencillas. Es una herramienta que sustituye la escritura por el habla y que facilitaría el acceso a la escritura a través del canal oral.

7. Actividades para poder realizar entre los 3 y los 6 años

3 AÑOS

— Identificación de las vocales. El niño debe buscar las vocales de su nombre dentro del abecedario.

— Elaboración de su nombre con letras móviles. Es divertido formar nuestro nombre con las letras móviles o imantadas.

— Cambio de vocales. Existen muchas canciones en las que los niños deben cambiar las vocales por una única. Ejemplo: «Yo tengo una casita, tengo una hormiguita, etc.».

— Clasificación de nombres. Esta actividad debe ser realizada al final de los 3 años. Se colocan unas bandejas, se escriben los números que se necesiten y el niño coloca su tarjeta en la bandeja que tenga ese número de sílabas.

— EL DADO. El niño tira un dado y tiene que buscar un objeto que tenga ese número de sílabas en su nombre.

— LA OCA/EL PARCHÍS. Elaboraremos una baraja con fotos de objetos. En cada turno, cada jugador levantará una carta, calcula el número de sílabas de ese nombre y esa será la tirada que realice.

— PUZLES SILÁBICOS. Podemos imprimir fotos de objetos y cortarlos en tantas piezas como sílabas tenga el nombre. El niño debe formarlos y, cuando lo haya conseguido, el adulto, con ayuda del niño, irá marcando cada sílaba, tocando, simultáneamente, cada pieza.

— ÓRDENES MOTORAS. El adulto dará una indicación motora que el niño deba cumplir; por ejemplo, saltar. A continuación, dirá el nombre de un objeto, contará el número de sílabas y ese será el número de veces que el niño tenga que realizar la acción.

— BÚSQUEDA DE COMPAÑEROS. El adulto dirá al niño que tiene que buscar un objeto que contenga el mismo número de sílabas que su nombre.

— LAS SÍLABAS ENCADENADAS. El adulto dirá una palabra, y el niño deberá identificar la última sílaba y comenzar otra palabra nueva con esa sílaba. En caso de no poder continuar por culpa de una sílaba compleja, se parará el juego y comenzaremos con otra palabra nueva.

— VEOVEO DE SÍLABAS. Jugaremos al juego del veoveo, pero le daremos sílabas concretas. Por ejemplo, decimos: «Busca algo que comience por la sílaba te», y el niño puede responder, entre otras opciones, con la palabra teléfono.

— BUSCAMOS SÍLABAS. El adulto dirá una sílaba, y el niño

buscará objetos que la contengan en la clase, en su cuerpo, en el patio...

— QUITAR SÍLABAS A NUESTRO NOMBRE. Debemos eliminar ciertas sílabas de los nombres de conocidos, amigos y familiares, y observaremos la transformación.

— CONTAMOS LAS SÍLABAS. Con tarjetas formadas por dibujos, el niño silabeará la palabra y contará el número de sílabas.

— PALABRA ESCONDIDA. Crearemos tarjetas en las que aparecerán dibujos de palabras de tres sílabas. Debajo pondremos tres círculos y tacharemos alguno de ellos. Esta clave indicará al niño la sílaba que debe eliminar para obtener una palabra nueva.

— BATALLA DE SÍLABAS. Elaboramos una baraja con dibujos o fotografías de objetos fácilmente identificables. Se reparten las cartas y cada niño sacará una. El que tenga el objeto con un mayor número de sílabas ganará la mano. En caso de empate, se dejarán en la mesa y el que gane la siguiente jugada se llevará todas las cartas.

5 AÑOS

— LOS SONIDOS ENCADENADOS. El adulto dirá una palabra y el niño debe identificar el último sonido y comenzar otra palabra nueva con ese fonema. En caso de no poder continuar por la aparición de un sonido complejo, se parará el juego y comenzaremos con otra palabra nueva.

— FORMACIÓN DE LA FILA (en la escuela). Para formar la fila para salir al recreo, el tutor sacará una letra e irá diciendo el fonema de la misma, sin enseñarla. Los niños que tengan ese sonido en sus nombres guardarán la silla y formarán la fila. Les pediremos que nos digan la letra asociada a ese sonido.

— BINGO SONORO. Se realizarán tarjetas de bingo con letras. El adulto debe tener preparado un saquito con letras y las irá sacando una a una. En lugar de decir el nombre de la letra, emitirá el sonido.

— LAS RIMAS. En este año es muy útil poder elaborar rimas con palabras. Si elegimos la palabra *roca*, podemos escribir este pareado: «Encima de la roca / encontré una oca».

— ENCUENTRA EL SONIDO. Podemos utilizar cualquier mural, dibujo o material que tenga muchos elementos. El adulto sacará una letra, dirá el sonido y el niño buscará objetos que contengan ese fonema.

— VEOVEO DE SONIDOS. Realizaremos el típico juego de buscar, pero le daremos solo un sonido. Por ejemplo, diremos: «Busca algo que comience por el sonido / sssssss/». Y el niño podrá contestar, entre otras opciones, con la palabra *silla*.

— LA PALABRA SECRETA (en la escuela). Daremos a los niños unas tarjetas con unos dibujos alineados en ella. Debajo de cada uno de ellos, deberán escribir la letra inicial de la imagen. Si juntamos todas las iniciales, encontraremos una palabra secreta.

— LA RUEDA DE LAS LETRAS. Crearemos círculos con dibujos alrededor y con una letra escrita en el centro. El niño debe encontrar la palabra que contenga esa letra en su nombre. Para lograrlo, debe ser capaz de aislar el sonido y buscarlo dentro de la globalidad fónica de la palabra.

— BINGOS SONOROS. Crearemos tarjetas de bingos con dibujos distintos. El adulto sacará diferentes letras sin que sean vistas por el niño y dirá el sonido de la letra.

Cada uno deberá buscar algún dibujo de su cartón que comience con esa letra.

— BOTELLA DE OBJETOS. Debemos obtener una botella en la que meteremos diferentes y variados objetos, y que rellenaremos parcialmente de arena de colores. A través de estos objetos, realizaremos actividades de buscar palabras con cierto número de letras, cambios de sílabas sobre la base de los nombres de los objetos, buscar dos elementos que rimen y cualquier actividad que se nos pueda ocurrir que potencie la conciencia fonológica.

— FORMAMOS PALABRAS. Diremos a los niños dos nombres de objetos. El objetivo es unir la primera sílaba del primer nombre con la primera sílaba de la segunda palabra. Este tipo de actividades requieren una correcta segmentación silábica y un uso correcto de la memoria de trabajo u operativa: *Pato* y *sopa* - *pa* y *so* - *paso.*

Anexos

En las siguientes páginas, presentamos una lista de palabras con las que podemos usar una serie de gestos asociados para recordar la correcta ortografía de las mismas:

ABAJO. Cerramos el puño y estiramos el pulgar. Formamos una b minúscula, la invertimos y bajamos hacia el suelo.

ADEMÁS. Formamos un + con los dedos y retiramos uno de ellos formando la tilde.

ADIÓS. Estiramos el brazo por encima de la cabeza y saludamos con la mano, simulando que nos despedimos.

AHÍ. Estiramos el brazo hacia arriba. Después estiramos el dedo índice y lo movemos 45° como si señaláramos (la tilde). Si nos ponemos de pie y estiramos los brazos señalando, formaremos una H con nuestro cuerpo (la h).

AHORA. Les enseñamos nuestro reloj y remarcamos los laterales del brazo y del reloj.

ALBÓNDIGA. Cerramos el puño y con el dedo índice simulamos que pinchamos la albóndiga (la tilde). Si unimos el índice y el puño, tenemos la B.

ALLÁ. Colocamos los brazos estirados uno al lado del otro y simulamos que señalamos. La tilde la forma el dedo índice estirado.

ALLÍ. Colocamos los brazos estirados uno al lado del otro

y simulamos que señalamos. La tilde la forma el dedo índice estirado.

AMARILLO. Colocamos los brazos estirados uno al lado del otro y simulamos que son dos plátanos.

AMPOLLA. Colocamos los brazos estirados uno al lado del otro y simulamos que son dos ampollas.

AYUDAR. Subimos los brazos sobre nuestra cabeza separados 90° y simulamos que pedimos ayuda.

AZÚCAR. Colocamos la mano como una C girada 45° y con el dedo índice simulamos que echamos el azúcar.

ARCILLA. Colocamos los brazos estirados uno al lado del otro y simulamos que son dos bloques de arcilla.

ARRIBA. Cerramos el puño y estiramos el pulgar. Formamos una b minúscula y la subimos hacia arriba.

ASTILLA. Sobre el dedo índice de una mano, colocamos los dedos índice y corazón de la otra, como si tuviéramos dos astillas clavadas.

AÚN. Con el dedo índice simulamos que señalamos nuestro reloj, como si aún tuviéramos tiempo.

AUTOMÓVIL. Colocamos el brazo estirado, como si manejáramos un volante (la tilde). Con los brazos separados 90° formando una V, simulamos que conducimos (la v).

AVE. Colocamos los brazos sobre la cabeza y simulamos que somos un ave.

AVIÓN. Los dedos índice y corazón simulan un avión (la v). Colocamos una mano en 45° y simulamos con la mano contraria que aterrizamos sobre la primera (la tilde).

BALANCÍN. Ponemos la mano perpendicular al suelo y colocamos la otra como si fuera el balancín.

BALÓN. Cerramos una mano formando una O y con la otra simulamos que botamos la bola.

BALONCESTO. Cerramos una mano formando una O y con

la otra simulamos que botamos la bola. La C invertida representa la canasta de este deporte.

BANDEJA. Cerramos el puño y estiramos el pulgar. Formamos una b minúscula, simulando una bandeja. Colocamos la otra mano abierta debajo, como si lleváramos la bandeja.

BANDERA. Estiramos el brazo y la mano la subimos como una bandera.

BARCO. Cerramos el puño y estiramos el pulgar. Formamos una b minúscula y simulamos un barco. Realizamos pequeños movimientos del pulgar, como si echara humo, y emitimos un sonido propio de la chimenea de un barco.

BARRER. Cerramos el puño y estiramos el pulgar. Formamos una b minúscula y simulamos que estamos barriendo.

BATIDO. Cerramos el puño y estiramos el dedo índice hacia arriba. Simulamos que bebemos de un batido.

BEBÉ. Colocamos el dedo índice señalando la boca como si fuese un chupete.

BELLA. Colocamos los brazos estirados, uno a cada lado de la cara, y simulamos que son dos espejos.

BEBER. Cerramos el puño y estiramos el dedo pulgar hacia arriba. Simulamos que bebemos de una pajita.

BESTIA. Cerramos las manos como si fueran unos ojos y giramos las manos hasta ponerlas en posición vertical.

BESAR. Cerramos las manos como una O y simulamos que nos damos besos. Juntamos las manos y las colocamos en vertical hasta formar la B.

BICI. Cerramos las manos como si fueran una O, las juntamos y simulamos que colgamos la bici del techo.

BIEN. Cerramos la mano y estiramos el dedo pulgar hasta formar una b minúscula.

BOCA. Cerramos las manos como si fueran una O y simulamos que se juntan dos bocas. Unimos las manos y las colocamos en posición vertical hasta formar una B.

BOCADILLO. Colocamos las manos estiradas a cada lado de la cara y simulamos que son dos trozos de pan y la cara es el interior del bocadillo (la ll).

BOLA. Cerramos las manos como si fueran una O y simulamos que se juntan dos bolas.

BOMBILLA. Colocamos los brazos estirados uno al lado del otro y simulamos que son dos bombillas (la ll).

BOTA. Cogemos una pelota y la colocamos sobre el pie formando una b con la pierna.

BOTELLA. Colocamos los brazos estirados uno al lado del otro y simulamos que son dos botellas (la ll).

BOTÓN. Cerramos las manos como si fueran una O y simulamos que se juntan dos botones. Juntamos las manos y las colocamos en posición vertical hasta formar una B (la b). Cerramos el puño y con el dedo índice simulamos que cosemos el botón (la tilde).

BUENO. Cerramos la mano y estiramos el dedo pulgar hasta formar una b minúscula.

BURBUJA. Cerramos las manos como si fueran una O y simulamos que se unen dos burbujas. Juntamos las manos y las colocamos en posición vertical hasta formar una B.

BURRO. Cerramos el puño y estiramos el dedo pulgar hacia arriba. Simulamos que es un burro.

BUZO. Juntamos las dos manos formando una O y estiramos el dedo índice para simular el tubo de respiración del buzo.

BOTE. Cerramos el puño y estiramos el dedo pulgar hacia arriba. Simulamos que remamos.

CABALLO. Señalamos las piernas como si fueran las de un caballo (la ll). Formamos una C con cada mano y simulamos que agarramos las riendas del caballo (la c).

CABEZA. Cerramos las manos como si fueran una O y simulamos que se juntan dos cabezas para darse un beso. Juntamos las manos y las colocamos en posición vertical hasta formar una B. Formamos una C con una mano y la colocamos sobre nuestra cabeza.

CABELLO. Colocamos los brazos estirados uno al lado del otro y simulamos que son dos coletas.

CALAVERA. Cruzamos los brazos y colocamos la cabeza entre ellos. Simulamos los huesos de una bandera pirata (la v). Formamos una C con una mano y la colocamos sobre nuestra calavera.

CALLAR. Colocamos los dos dedos índices en paralelo delante de la boca y simulamos que mandamos callar.

CALLE. Colocamos los brazos estirados uno al lado del otro y simulamos que son dos farolas.

CAMELLO. Colocamos los brazos estirados uno al lado del otro y simulamos que son las dos jorobas.

CAMIÓN. Colocamos el brazo estirado, como si condujéramos un camión.

CARNÍVORO. Con las manos simulamos que comemos, formando una V y una C a modo de boca.

CASTILLO. Colocamos los brazos estirados uno al lado del otro y simulamos que son las dos torres del castillo (la ll). Formamos una C con nuestro brazo y simulamos que lanzamos una piedra por la catapulta del castillo (la c).

CAVA. Formamos una V con los dedos índice y corazón y simulamos que estamos cavando (la v). Formamos una C con cada mano y simulamos que excavamos en la tierra.

CEPILLO. Colocamos los brazos estirados uno al lado del otro y simulamos que son dos cepillos.

CERILLA. Colocamos los dedos índices estirados y simulamos que apagamos las cerillas. La C la forman los dedos índice y pulgar al coger una cerilla.

CIERVO. Formamos una V con los dedos índice y corazón y ponemos la cornamenta encima de la cabeza.

CINTURÓN. Cruzamos el brazo delante de la cabeza, simulando el cinturón de seguridad de un coche.

CLAVAR. Formamos una V con los dedos índice y corazón y simulamos que martilleamos los dos dedos.

COLLAR. Creamos dos líneas paralelas imaginarias de arriba abajo del cuello (la ll). Formamos una C con la mano y rodeamos el cuello, como si fuera un collar.

COLMILLO. Colocamos los dos dedos índices debajo de la boca y simulamos que son dos colmillos.

CONSTELACIÓN. Estiramos el brazo 45° y marcamos unos puntos con la otra mano sobre el brazo, como si fueran las estrellas.

CORDILLERA. Colocamos los brazos estirados uno al lado del otro y simulamos que son dos montañas.

CREMALLERA. Colocamos los brazos estirados uno al lado del otro y simulamos que son dos cremalleras.

CUCHILLO. Colocamos los brazos estirados uno al lado del otro y simulamos que son dos cuchillos. Los mueves adelante y atrás haciendo un ruido de cortar el aire para dotar de sensación al gesto.

CUELLO. Colocamos las manos estiradas a cada lado del cuello.

CUEVA. Formamos una V con los dedos índice y corazón y simulamos las estalactitas. Colocamos la C invertida hacia el suelo y simulamos la entrada de una cueva.

CULTIVAR. Formamos una V con los dedos índice y corazón y simulamos que echamos una semilla en el hoyo. Colocamos la C boca arriba y simulamos el surco.

DESVIAR. Doblamos el brazo en 45° y señalamos con el índice, simulando que hay un desvío.

DIVERTIDO. Formamos una V con los dedos índice y corazón y los colocamos sobre la boca, simulando que algo es divertido.

ÉL. Formamos una e minúscula con la mano y estiramos el dedo índice.

ELEVAR. Formamos una V con los brazos sobre la cabeza y simulamos que elevamos un objeto.

EMBARAZO. Nos colocamos de perfil y formamos una barriga con un movimiento semicircular de nuestras manos.

ESTALLAR. Colocamos los brazos estirados uno al lado del otro y simulamos que son dos explosiones estirando los dedos de repente.

ESTRELLA. Colocamos los brazos estirados uno al lado del otro y simulamos que son constelaciones de estrellas, marcando puntos en uno de los brazos.

EXPLOSIÓN. Formamos una O con una mano y estiramos el dedo índice, el cual moveremos simulando que la mecha está encendida.

FALLAR. Colocamos las manos paralelas a los lados de la cara y simulamos que hemos fallado un penalti, poniendo cara de enfado.

GALLETA. Colocamos los brazos estirados uno al lado del otro y simulamos que son dos galletas.

GALLINA. Colocamos los brazos estirados uno al lado del otro y simulamos que son las patas de la gallina.

GLOBO. Formamos una O y estiramos el dedo índice, simulando la cuerda del globo.

GRULLA. Colocamos los brazos estirados uno al lado del otro y simulamos que son dos patas de grulla.

HAMBRE. Nos situamos de perfil y nos tocamos la barriga, como si tuviéramos hambre.

HERMOSO. Colocamos las manos estiradas a cada lado de

la cara y alternamos la mirada, simulando que nos vemos en un espejo.

HOLA. Nos ponemos de pie y estiramos los brazos hacia arriba; después, saludamos con las manos, formando con nuestro cuerpo una H.

HOMBRO. Nos ponemos de frente y con el dedo índice escribimos una h minúscula sobre nuestro cuerpo.

HORA. Enseñamos nuestro reloj y remarcamos los laterales del brazo.

HUELLA. Colocamos las manos una al lado de la otra y simulamos que son dos huellas.

HUEVO. Formamos una V con las manos desde las muñecas y simulamos que hay huevos dentro del nido.

ÍNDICE. Estiramos el dedo índice y lo señalamos con la otra mano.

INVENTAR. Doblamos el brazo en 45° y simulamos que atornillamos un codo, como si fuera un robot.

INVIERNO. Formamos una V con los dedos índice y corazón y simulamos con la otra mano que se desliza un trineo.

LABIO. Cerramos las manos como si fueran una O y simulamos que se juntan dos labios. Unimos las manos y las colocamos en posición vertical hasta formar una B.

LADRILLO. Colocamos los brazos estirados uno al lado del otro y simulamos que son dos ladrillos.

LEÓN. Estiramos el brazo sobre nuestra cabeza en 45° y simulamos un zarpazo.

LIMÓN. Formamos una O con una mano y con el dedo índice de la otra mano simulamos que cortamos la O.

LLAMA. Colocamos los brazos estirados uno al lado del otro y simulamos que son dos llamas.

LLAMAR. Colocamos las manos al lado de las orejas y simulamos que estamos llamando por teléfono y mantenemos una conversación para dotar de significado al gesto.

LLAVE. Colocamos los dedos índice y pulgar formando una L y simulamos que abrimos una puerta (la ll). Formamos una V con el índice y el corazón de una mano y metemos el dedo índice de la otra, simulando que giramos una llave.

LLENO. Colocamos los brazos estirados uno al lado del otro y simulamos que son dos copas llenas.

LLEVAR. Colocamos los brazos estirados uno al lado del otro y simulamos que llevamos una caja (la ll). Colocamos los brazos sobre la cabeza en 45° y simulamos que llevamos un objeto (la V).

LLORAR. Colocamos los dedos índices debajo de cada ojo y simulamos que son gotas.

LLOVER. Colocamos los dedos índices como si fueran gotas de lluvia y realizamos un movimiento de arriba abajo (la ll). Juntamos las manos unidas por los meñiques formando una V y simulamos que recogemos agua de lluvia y nos la bebemos.

MANILLAR. Colocamos los brazos estirados con las muñecas giradas 90° y simulamos que son un manillar.

MARTILLO. Colocamos los brazos estirados uno al lado del otro y simulamos que son dos martillos, moviéndolos como si golpearan.

MÁS. Formamos un + con los dedos y retiramos uno de ellos formando la tilde.

MEDALLA. Colocamos los brazos estirados uno al lado del otro y simulamos que son dos medallas.

MÉDICO. Abrimos la boca y con el dedo índice en 45° simulamos que usamos un depresor para mirar la boca.

MELÓN. Formamos una O con una mano y con el dedo índice de la otra mano simulamos que lo cortamos.

MÍO. Cogemos un objeto y con el dedo índice en 45° simulamos que es nuestro.

MOVER. Estiramos los brazos hacia delante en 45° y simulamos que movemos un objeto.

MURALLA. Colocamos los brazos estirados uno al lado del otro y simulamos que los brazos son altos como las murallas.

NATACIÓN. Formamos una O y el dedo índice simula que alguien se lanza a la piscina. La mano en forma de C representa la piscina.

NATILLAS. Colocamos los brazos estirados uno al lado del otro y simulamos que son dos galletas de natillas.

NUBE. Formamos una O con cada mano y las colocamos una encima de otra: una simula el sol y la otra representa la nube.

OLVIDAR. Formamos una V con los dedos índice y corazón y los golpeamos alternantes sobre el labio, simulando que hemos olvidado algo y estamos tratando de recordarlo. Podemos mirar hacia arriba y a un lado para reforzar la sensación de que estamos recordando.

PALILLO. Colocamos los dedos estirados uno al lado del otro y simulamos que son dos palillos.

PASTILLA. Colocamos los dedos estirados uno al lado del otro y simulamos que son dos pastillas.

PAVO. Pegamos las manos con los dedos estirados y juntos. Después simulamos que el pavo abre su cola, manteniendo las manos unidas por las muñecas.

PITÓN. Formamos una O con la mano y estiramos el dedo índice; después, lo movemos como si fuera la lengua de la serpiente.

PRIMAVERA. Formamos una V con los dedos índice y corazón y los olemos, simulando que estamos oliendo las flores que salen en primavera.

PUNZÓN. Cerramos el puño y con el dedo índice estirado simulamos que picamos.

RALLO. Colocamos los brazos estirados uno al lado del otro y simulamos que son dos rallajos.

RAYO. Colocamos los brazos estirados en 90º grados sobre la cabeza y simulamos que son dos rayos. Los mueves temblorosos como si fueran unos rayos.

REVISTA. Unimos las manos con los dedos estirados y juntos, señalando hacia delante. Después, simulamos que abrimos una revista, manteniendo las manos unidas por los dedos meñiques.

ROBOT. Formamos una O con cada una de las manos. Colocamos una mano sobre la otra y simulamos que enroscamos la cabeza del robot sobre la otra mano.

RODILLA. Colocamos las dos piernas en paralelo y nos señalamos las rodillas.

ROSQUILLA. Colocamos los dedos estirados uno al lado del otro y simulamos que son dos rosquillas.

SELLO. Colocamos las manos estiradas una al lado de la otra y simulamos que son dos sellos. Las chupamos para simular que pegamos dichos sellos.

SEMILLA. Colocamos los dedos estirados uno al lado del otro y simulamos que son dos semillas.

SERVIR. Formamos una V con los dedos índice y corazón y simulamos que somos un camarero que estamos sirviendo y llevamos una bandeja.

SILBATO. Cerramos el puño, estiramos el dedo pulgar y formamos un silbato. Después, simulamos que estamos silbando.

SILLA. Podemos coger una silla de la clase, enseñar las patas de la silla y así formamos una Ll.

SOMBRILLA. Colocamos los brazos estirados uno al lado del otro y simulamos que son dos sombrillas.

SUBIR. Cerramos el puño y estiramos el pulgar. Formamos una b minúscula y la subimos hacia arriba.

TALLO. Colocamos los brazos estirados uno al lado del otro y simulamos que son dos tallos.

TAPÓN. Formamos una O con la mano y con el dedo índice de la otra mano tocamos la O. Simulamos que tiramos del tapón de la cadena.

TOALLA. Colocamos los dedos estirados uno al lado del otro y simulamos que son dos toallas y nos secamos con ellas.

TOBILLO. Colocamos las dos piernas en paralelo y nos señalamos los tobillos (la ll).

TORTILLA. Colocamos los dedos estirados uno al lado del otro y simulamos que son dos tortillas.

TUYO. Formamos una V con el pulgar, el índice y el brazo. Señalamos hacia delante y decimos: «Es tuyo».

UVA. Formamos una V con el corazón y el índice. Con la otra mano, simulamos que cogemos uvas del racimo.

VACA. Formamos una V con el corazón y el índice. Nos los ponemos sobre la cabeza. Igual con la C, que representa unos cuernos curvos.

VALLA. Colocamos los brazos estirados uno al lado del otro y simulamos que son dos maderos (la ll).

VALLE. Colocamos los brazos estirados uno al lado del otro y simulamos que son dos montañas y la cara es el valle (la ll). Juntamos los brazos a la altura de los codos y formamos un valle (la v).

VASO. Formamos una V con el corazón y el índice y simulamos que bebemos de un vaso.

VELA. Formamos una V con el corazón y el índice, invertimos la mano y simulamos que apagamos una vela.

VELLO. Para la ll, colocamos los dos dedos índices estirados en paralelo y simulamos que son dos pelos. Para la v, colocamos los dedos índice y corazón encima de la cabeza en forma de V y simulamos que son dos pelos.

VENDER. Necesitamos un alumno. Le apretamos la mano y

nuestros brazos forman una V, simulando un acuerdo de venta.

VENTANA. Juntamos los brazos y simulamos que abrimos las cortinas. Nuestros brazos quedarán formando una V.

VER. Formamos una V con el corazón y el índice y los colocamos debajo de los ojos.

VIAJAR. Formamos una V con el corazón y el índice y simulamos que viajamos en avión.

VIEJO. Formamos una V con las manos unidas en las muñecas y las ponemos en la mandíbula, simulando el rostro afilado de un anciano.

VIERNES. Estiramos los brazos sobre nuestras cabezas en 90°, simulando que nos alegramos por la llegada del viernes.

VIOLÍN. Formamos una V con nuestro brazo y simulamos que tocamos el violín. El dedo índice simula que es el arco que toca las cuerdas.

VOLANTE. Estiramos los brazos en 45° y simulamos que cogemos el volante.

VOLAR. Formamos una V con el corazón y el índice y simulamos que volamos en avión.

VOLVER. Estiramos los brazos sobre nuestras cabezas en 90° y simulamos que llamamos a nuestros alumnos para que vuelvan.

VOSOTROS. Estiramos los brazos en 45° y simulamos que señalamos.

YO. Subimos los brazos sobre nuestra cabeza separados 90° y digo: «Soy yo».

ZAPATILLA. Colocamos las dos piernas en paralelo y nos señalamos las zapatillas. Si nos agachamos para atarnos los cordones, la pierna adopta una posición similar a la Z.

Bibliografía

1. Rello, Luz (2018): *Superar la dislexia*. Paidós educación. Pág. 28.
2. Rello, Luz (2018): *Superar la dislexia*. Paidós educación. Pág. 29.
3. Temple, E.; Deutsch, G. K.; Poldrack, R. A.; Miller, S. L.; Tallal, P., y Merzenich, M. M. (2003): «Neural deficits in children with dyslexia ameliorated by behavioral remediation: Evidence from functional MRI». *PNAS*, 100.
4. Recuperado de http://alfabetizacionespanol.com/wp-content/uploads/2015/06/Predictores-lectores-2006-Gallego.pdf.
5. Papanicolaou, A.; Simos, P. G., y Breier, J. I. (2003a): «Brain Mechanisms for Reading in Children With and Without Dyslexia». *A Review of Studies of Normal Development and Plasticity. Developmental Neuropsychology*, 24 (2-3), 593-612.
6. https://elpais.com/diario/2006/05/04/paisvasco/1146771605_850215.html
7. Sirin, S. R. (2005): «Socioeconomic status and academic achievement: a meta-analytic review of research». *Review of Educational Research*, 75 (3), 417-453.
8. Ramos, J. y Cuadro, I. (2006): *PECO: prueba para la evaluación del conocimiento fonológico*. Ed. EOS Pág. 32.
9. http://webs.ucm.es/centros/webs/se5094/
10. https://www.boe.es/buscar/doc.php?id=BOE-A-2007-185
11. http://www.madrid.org/dat_capital/loe/pdf/Desarrollo_Infantil_Madrid_08.pdf
12. https://www.bicimad.com/
13. http://energia.barcelona.es
14. https://elpais.com/sociedad/2014/05/08/actualidad/1399578636_483607.html

15. https://www.elconfidencial.com/alma-corazon-vida/2014-04-01/el-informe-pisa-es-objetivo-los-academicos-se-rebelan_109944/

16. https://elpais.com/sociedad/2013/12/03/actualidad/1386063448_866928.html

17. https://www.elmundo.es/espana/2013/12/03/529cf657684341c1678b458e.html

18. https://www.abc.es/20120718/sociedad/abci-calidad-baja-educativa-espana-201207181551.html

19. https://www.elconfidencial.com/alma-corazon-vida/2014-04-01/el-informe-pisa-es-objetivo-los-academicos-se-rebelan_109944/

20. https://www.catarata.org/libro/la-inutilidad-de-pisa-para-las-escuelas_44851/

21. https://elpais.com/politica/2016/12/08/actualidad/1481196588_850629.html

22. https://www.cuartopoder.es/ideas/opinion/2016/12/29/las-manipulaciones-pisa-al-pacto-educativo/

23. https://www.libertaddigital.com/espana/2018-11-06/profesores-revientan-en-twitter-la-ultima-propuesta-de-celaa-1276627753/

24. https://www.abc.es/cultura/libros/abci-dime-cuanto-lees-y-dire-como-escribes-201811110153_noticia.html

25. Ferroni, M.; Mena, M., y Diuk, B. (2016): «Niveles de respuesta a una intervención en ortografía». Universidad Nacional de San Martín. Argentina. Pág. 60.

26. Bernicot, J.; Goumi, A.; Bert-Erboul. A., y Volckaert-Legrier, O. (*accepted*, 01/20/2014): «How do skilled and less-skilled spellers write text messages? A longitudinal study of sixth and seventh graders». *Journal of Computer Assisted Learning*.

27. Vellutino, F. R.; Steger, J. A., y Kandel, G. (1972): «Reading disability: an investigation of the perceptual déficit hyphothesis». *Cortex*, 8, 106-118.

28. Ellis, N. (1981): *Visual and name coding in dyslexic children. Psychological research*, 43, 201-218.

29. Inizan, A. (1989): *Cuándo enseñar a leer. Evaluación de la aptitud para aprender a leer*. Madrid. Ed. Antonio Machado.

30. Jiménez, J. E. y Artiles, C. (1990): «Factores predictivos del

éxito en el aprendizaje de la lectoescritura». Universidad de La Laguna. Pág. 33.

31. Lonigan, C. J.; Burgess, S. R.; Anthony, J. L., y Barker, T. A. (1998): «Development of phonological sensitivity in 2 to 5 year-old children». *Journal of Educational Psychology, 90* (2), 294-311.

32. Recuperado de http://alfabetizacionespanol.com/wp-content/uploads/2015/06/Predictores-lectores-2006-Gallego.pdf

33. Kaplan, D. y Walpole, S. (2005): «A Stage-Sequential Model of Reading Transitions: Evidence From the Early Childhood Longitudinal Study». *Journal of Educational Psychology, 97* (4), 551-563.

34. Nancollis, A.; Lawrie, B., y Dodd, B. (2005): «Phonological awareness intervention and the acquisition of literacy skills in children from deprived social backgrounds». *Language, Speech, and Hearing Services in Schools,* 36, 325-335.

35. Justice, L. M.; Chow, S.; Capellini, C.; Flanigan, K., y Colton, S. (2003): «Emergent literacy intervention for vulnerable pre-schoolers: Relative effects of two approaches». *American Journal of Speech-Language Pathology,* 12, 320-332.

36. Morais, J.; Cary, L.; Alegría, J., y Bertelson, P. (1979): «Does Awareness of Speech as a 188 Sequence of Phones Arise Spontaneously? ». *Cognition,* 7, 323-331.

37. Recuperado de http://alfabetizacionespanol.com/wp-content/uploads/2015/06/Predictores-lectores-2006-Gallego.pdf.

38. Allende, Carmen (1994): *Dislexia y dificultades de aprendizaje.* Ed. CEPE. Pág. 23.

39. Maldonado, A. y Sebastián, E. (1987): «La segmentación de palabras: un prerrequisito del aprendizaje de la lectura». *Boletín de Instituto de Ciencias de la Educación,* 2, 8.

40. Wagner, R.; Torgesen, J.; Rashotte, C.; Hecht, S.; Barker, T.; Burgess, S.; Donahue, J., y Garon, T. (1997): «Changing relations between phonological abilities and word-level reading as child develop from beginning to skilled readers: A 5-year longitudinal study». *Development Psychology,* 33, 468-479.

41. Maldonado, A. y Sebastián, E. (1987): «La segmentación de palabras: un prerrequisito del aprendizaje de la lectura». *Boletín de Instituto de Ciencias de la Educación,* 2, 13.

42. Content, A.; Morais, J.; Alegría J., y Bertelson, P. (1982): «Accelerating the development of phonetic segmentation skills in kindergartners». *Cabiers de Psychologie Cognitive,* 2, 259-269.

43. Mialaret, G. (1979): *El aprendizaje de la lectura*. Ed. Marova (2.ª ed.). Págs. 44-45.

44. Tunmer, W. y Nesdale, A. (1985): «Phonemic segmentation skill and beginning Reading». *Journal of Educational Psychology*, 77, 417-427.

45. Bradley, L. y Bryan, P. E. (1983): «Categorizing sounds an learning to read: A causal connection». *Nature*, 301, 419-421.

46. Catts, H. W.; Fey, M. E.; Zhang, X., y Tomblin, J. B. (2001): «Estimating the risk of future reading difficulties in kindergarten children: A research based model and its clinical implementation». *Language, Speech, and Hearing Services in Schools*, 32, 38-50.

47. Bus, A. y Vanijzendoorn M. (1999): «Phonological awareness and early reading: A Meta-Analysis of experimental training studies». *Journal of Educational Psychology*, 91, 403-414.

48. Ehri, L.; Nunes, S.; Willows, D.; Schuster, B.; Yaghoub-Zadeh, Z., y Shanahan, T. (2001): «Phonemic awareness instruction helps children learn to read: evidence from the national reading panel's meta-analysis». *Reading research quarterly*, 36, 250-287.

49. Lundberg, I.; Frost, J., y Petersen, O. (1988): «Effects of an extensive program for stimulating phonological awareness in preschool children». *Reading research Quearterly*, 23, 263-284.

50. Ball, E. y Blachman, B. (1991): «Does Phoneme Awareness Training in Kindergarten Make a Difference in Early Word Recognition and Developmental Spelling?». *Reading Research Quarterly*, 26, 49-66.

51. Schneider, W.; Roth, E., y Ennemoser, M. (2000): «Training phonological skills and letter knowledge in children at risk for dyslexia: A comparison of three kindergarten intervention programs». *Journal of Educational Psychology*, 92, 284-295.

52. Defior, S. (2008): «¿Cómo facilitar el aprendizaje inicial de la lectoescritura? Papel de las habilidades fonológicas». *Infancia y aprendizaje*, 31, 333-346.

53. Jiménez, J. E.; Rodrigo, M.; Ortiz, M. R., y Guzmán, R. (1999): «Procedimientos de evaluación e intervención en el aprendizaje de la lectura y sus dificultades desde una perspectiva cognitiva». *Infancia y Aprendizaje*, 88, 107-122.

54. Storch, S. A. y Whitehurst, G. J. (2002): «Oral language and code-related precursors to reading: Evidence from a longitudinal structural model». *Developmental Psychology*, 38, 934-947.

55. Arnaiz, P.; Castejón, J. L.; Ruiz, M. S., y Guirao, J. M. (2002): «Desarrollo de un programa de habilidades fonológicas y su implicación en el acceso inicial a la lecto-escritura en alumnos de segundo ciclo de Educación Infantil». *Educación, desarrollo y diversidad*, 5, 29-51.

56. Sprugevica, I. y Hoien, T. (2003): «Early phonological skills as a predictor of reading acquisition: A follow-up study from kindergarten to the middle of grade 2». *Scandinavian Journal of Psychology*, 44, 119-124.

57. Savage, R. S. y Carless, S. (2004): «Predicting curriculum and test performance at age 7 years from pupil background, baseline skills and phonological awareness at age 5». *British Journal of Educational Psychology*, 74, 155-171.

58. Bizama, M.; Arancibia, B., y Sáez, K. (2011): «Evaluación de la conciencia fonológica en párvulos de nivel transición 2 y escolares de primer año básico, pertenecientes a escuelas vulnerables de la Provincia de Concepción, Chile». *Onomázein*, 23 (1), 81-103.

59. Bravo, V. (2016): «El aprendizaje del lenguaje escrito y las ciencias de la lectura. Un límite entre la psicología cognitiva, las neurociencias y la educación». *Revista Interdisciplinaria de Filosofía y Psicología*, 11 (36), 50-59.

60. Bravo, L. y Orellana, E. (1999): «La conciencia fonológica y el aprendizaje de la lectura», *Boletín de Investigación Educacional*, 14, 27-37.

61. Bravo, L.; Villalón, M. y Orellana, E. (2001): «Procesos predictivos del aprendizaje inicial de la lectura en primer año básico». *Boletín de Investigación Educacional*, 16, 149-160.

62. Carrillo, M. S. y Marín, J. (1996): «Desarrollo metafonológico y adquisición de la lectura: Un programa de entrenamiento». Madrid. Ministerio de Educación y Ciencia. CIDE.

63. Jiménez, J. E. y Ortiz, M. R. (1995): *Conciencia fonológica y aprendizaje de la lectura. Teoría, evaluación e intervención. Aplicación en el aula*. Madrid. Síntesis.

64. Jiménez, J. E. y Venegas, E. (2004): «Defining phonological awarness and its relationship to reading skills in low-literacy adults». *Journal of Educational Psychology*, 96 (4), 798-810.

65. Aguilar, M.; Marchena, E.; Navarro, J. I., y Menacho, I. (2011): «Niveles de dificultad de la conciencia fonológica y aprendi-

zaje lector». *Revista de Logopedia, Foniatría y Audiología,* 31 (2), 96-105.

66. Feld, V. (2014): «Las habilidades fonológicas, su organización neurofisiológica y su aplicación en la educación». *Pensamiento Psicológico,* 12 (1), 71-82.

67. Gutiérrez, R. (2017): «Facilitators of the learning process of writing in early ages». *Anales de psicología,* 33 (1), 32-39.

68. Liberman, I. Y. y Shankweiller D. (1985): «Phonology and the Problems of Learning to read and write». Obtenido en *Remedial and Special Education,* 6, 8-17.

69. Goswami, U. y Bryant, P. (1990): *Phonological skills and learning to read.* East Sussex. Erlbaum.

70. Lyon, G. R.; Shaywitz, S. E., y Shaywitz, B. A. (2003): «A definition of dyslexia». *Annals of Dyslexia,* 53 (1), 1-14.

71. Bravo Valdivieso, Luis (2004): «La conciencia fonológica como una posible «zona de desarrollo próximo» para el aprendizaje de la lectura inicial». *Revista Latinoamericana de Psicología,* vol. 36, núm. 1, pág. 25. Fundación Universitaria Konrad Lorenz Bogotá, Colombia.

72. Bravo Valdivieso, Luis (2004): «La conciencia fonológica como una posible «zona de desarrollo próximo» para el aprendizaje de la lectura inicial». *Revista Latinoamericana de Psicología,* vol. 36, núm. 1, pág. 23. Fundación Universitaria Konrad Lorenz Bogotá, Colombia.

73. Etchepareborda, M. (2003): «La intervención en los trastornos disléxicos: entrenamiento de la conciencia fonológica». *Revista de Neurología,* 36, 13-19.

74. Ehri, L. C.; Nunes, S.; Willows, D. M.; Schuster, B. V.; Yaghoub-Sadeh, Z. y Shanahan, T. (2001): «Phonemic awareness instruction helps children learn to read: Evidence from the National Reading Panel's meta-analysis». *Reading Research Quarterly,* 36, 250-287.

75. Alegría, J.; Pignot E., y Morais, J. (1982): «Phonetic analysis of speech and memory codes in beginning readers». *Memory and Cognition,* 10. Págs. 451-456.

76. Dehaene, S. *et al.* (2015): «Illiterate to literate: behavioral and cerebral changes induced by reading acquisition». *Nature Review Neuroscience,* 16 (4), 234-244.

77. Dehaene, S. (2014): *El cerebro lector.* Editorial Siglo XXI. Págs. 263-279.

78. Cuetos Vega, Fernando (2000): *Psicología de la escritura. Diagnóstico y tratamiento de los trastornos de escritura.* Editorial CISS Praxis. Págs. 104-105.

79. Catts, H. W.; Fey, M. E.; Zhang, X., y Tomblin, J. B. (2001): «Estimating the risk of future reading difficulties in kindergarten children: A research-based model and its clinical implementation». *Language, Speech, and Hearing Services in Schools*, 32, 38-50.

80. Schatsneider, C.; Fletcher, J.; Francis, D.; Carlson, C., y Foorman, B. (2004): «Kindergarten prediction of reading skills: A longitudinal comparative analysis». *Journal of Educational Psychology*, 96, 265-282.

81. Bravo, L.; Villalón, M., y Orellana, E. (2001): «Procesos predictivos del aprendizaje inicial de la lectura en primero básico». *Boletín de Investigación Educacional*, 16, 149-160.

82. Compton, D. (2000): «Modeling the growth of decoding skills in first grade children». *Scientific Studies of Reading*, 4, 219-259.

83. González, R.; Cuetos, F.; López, S., y Vilar, J., (2017): «Efectos del entrenamiento en conciencia fonológica y velocidad de denominación sobre la lectura. Un estudio longitudinal». Estudios sobre educación, 32 Págs. 172-173.

84. Wolf, M. (1997): «A Provisional, Integrative Account of Phonological and Naming-Speed Deficits in Dyslexia: Implications for Diagnosis and Intervention». En Blachman, B. A. (ed.), *Foundations of Reading Acquisition and Dyslexia. Implications for Early Intervention* (págs. 67-92). Mahwah, Nueva Jersey. LEA.

85. Clay, M. y Cazden, C. (1993): «Una interpretación vygostkiana de la recuperación de la lectura». En Moll, L. (ed.): *Vygostki y la educación*. Buenos Aires. Aique. Págs. 245-262.

86. Byrne, B.; Fielding-Barnsley, R., y Ashey, L. (2000): «Effects of preschool phoneme identity training after six years: Outcome level distinguished from rate of response». *Journal of Educational Psychology*, 92, 659-667.

87. Bravo Valdivieso, L. (2004): «La conciencia fonológica como una posible "zona de desarrollo próximo" para el aprendizaje de la lectura inicial». *Revista Latinoamericana de Psicología*, vol. 36, núm. 1, p. 30. Fundación Universitaria Konrad Lorenz Bogotá, Colombia.

88. Cuetos Vega, Fernando (1994): *Psicología de la lectura. Diagnóstico*

y tratamiento de los trastornos de lectura. Ed. Escuela Española. Pág. 107.

89. Bravo Valdivieso, Luis (2004): «La conciencia fonológica como una posible "zona de desarrollo próximo" para el aprendizaje de la lectura inicial». *Revista Latinoamericana de Psicología,* vol. 36, núm. 1, pág. 30. Fundación Universitaria Konrad Lorenz Bogotá, Colombia.

90. *Dictados para primaria.* Coordinado por Mercedes Ruiz Paz. Coordinado por Mercedes Ruiz Paz (2009). Comunidad de Madrid. Consejería de Educación. http://www.madrid.org/ bvirtual/BVCM001903.pdf

91. Mesanza López, Jesús (1987): *Didáctica actualizada de la Ortografía.* Ed. Santillana. Pág. 61.

92. Vellutino, F. R. (1977): «Alternative conceptualization of dyslexia: Evidence in support of a verbal-deficit hypothesis». *Harvard Educational Review,* n.º 47.

93. Bravo Valdivieso, Luis (2004): «La conciencia fonológica como una posible "zona de desarrollo próximo" para el aprendizaje de la lectura inicial». *Revista Latinoamericana de Psicología,* vol. 36, núm. 1, pág. 30. Fundación Universitaria Konrad Lorenz Bogotá, Colombia.

94. Fresneda, R. y Díez, A. (2018): «Conciencia fonológica y desarrollo evolutivo de la escritura en las primeras edades». Universidad de Alicante. DOI: 10.5944/educXX1.13256. Págs. 409-410.

95. Jiménez, Juan y Artieles, Ceferino (1990): «Factores predictivos del éxito en el aprendizaje de la escritura». *Infancia y aprendizaje,* 49, pág. 35. Universidad de La Laguna.

96. Loningan, C.; Burgess, S.; Anthony, J., y Barker, T (1998): «Development of phonological sensitivity in 2 to 5 year old children». *Journal of Educational Psychology* 90: 294-311.

97. https://www.jugandoconlossonidos.cl/

98. https://creena.educacion.navarra.es/web/

99. https://www.maestrosdeaudicionylenguaje.com/ pec-fono-segmentacion-silabica-juegos/

100. http://siembraestrellas.blogspot.com

101. Cerrudo Higelmo, V. (2018): *Método VOVIP.* Autoeditado.

102. González, R.; Cuetos, F.; López, S., y Vilar, J. (2017): «Efectos del entrenamiento en conciencia fonológica y velocidad de

denominación sobre la lectura. Un estudio longitudinal». Estudios sobre educación, 32 Págs. 172-173.

103. Rello, Luz (2018): *Superar la dislexia*. Paidós Educación. Págs. 19-20.

104. Puente Ferreras, Aníbal (2001): «Hábitos lectores y animación a la lectura». Coordinadores Pedro C. Cerrilo y Jaime García Padrino. Colección Estudios. Pág. 22.

105. Dehaene, Stanislas & Nakamura, Kimihiro & Kuroki, Chihiro & Ogawa, Seiji & Cohen, Laurent. (2009). «Why do children make mirror errors in reading? Neural correlates of mirror invariance in the visual word form area». NeuroImage. 49. 1837-48. 10.1016/j.neuroimage.2009.09.024.

106. Cunningham A. E. y Stanovich K. E. (1997): «Early reading acquisition and its relation to reading experience and ability 10 years later». *Deviant Psychology*, 33 (6), 934-945.

107. Dehaene, S. (2014): *El cerebro lector*. Editorial Siglo XXI. Pág. 274.

108. Frith, Uta (1984): «Specific spelling problems». En Malatesha, R. y Whitaker, H. (eds): *Dislexia. A global issue*. The Hague, Martinus Nijhoff Publishers. Págs. 83-103.

109. https://www.disfam.org/prodislex/